La fin du monde par la science

Le passé, le présent et l'avenir.

Eugène Huzar

© 2024, Eugène Huzar (domaine public)
Édition : BoD · Books on Demand, 31 avenue Saint-Rémy, 57600 Forbach, bod@bod.fr
Impression : Libri Plureos GmbH, Friedensallee 273, 22763 Hamburg (Allemagne)
ISBN : 978-2-3224-9617-4
Dépôt légal : Décembre 2024

Introduction

Plusieurs cycles humains ont apparu, puis disparu successivement sur la planète.

Les cycles humains vont se renouvelant à l'infini dans l'infini des temps ; la planète existe depuis des millions d'années ; notre cycle historique n'est qu'une seconde dans l'histoire du monde.

Adam, Prométhée, Brahma sont les figures du dernier cycle qui nous a précédés.

Ils sont les prototypes d'une civilisation arrivée à une puissance exagérée, à une science infinie.

Ils sont parvenus à connaître et à dominer, par leur génie, les énergies de la nature ; ils ont joui d'une liberté illimitée et ils en ont abusé.

Ils se sont cru des dieux et ils n'étaient que des hommes.

Ils n'ont pas compris que la fatalité, cette cause de toute ruine en ce monde, grandissait parallèlement à leur puissance et que la catastrophe que leur imprudence préparait sans le savoir, serait en raison directe de leur puissance. Ils croyaient étreindre les énergies de la matière, mais celles-ci leur ont échappé et les ont pulvérisés.

Ils étaient des anges ou plutôt des hommes, jouissant d'une puissance infinie, d'une liberté illimitée ; mais il leur a suffi un jour *de se méprendre sur les rapports des forces de l'harmonie universelle* pour que tout soit tombé dans le chaos, et Adam, Prométhée, tout ce cycle humain, a disparu d'un coup sous les débris d'une civilisation qu'ils voulaient élever trop haut.

La ruine a été en raison de l'édifice écroulé, elle a couvert le monde pendant 5 000 ans.

Le serpent qui figure dans toutes les religions de l'antiquité et qui embrase les mondes après les avoir séduits, est le symbole de ce désir insatiable qu'a l'homme de tout connaître, tout approfondir, tout dominer, c'est le symbole *de l'exagération, de l'orgueil, de la science et de la force* qui croît en raison directe des connaissances acquises et qui a fait qu'un jour l'homme a tenté *l'impossible et est tombé fatalement.*

Il en sera un jour de même de notre cycle. L'homme voudra un jour diriger et gouverner les énergies de la nature, mais il arrivera un moment où il n'en sera plus maître, elles lui échapperont quand il croira le mieux les étreindre, et notre humanité disparaîtra comme le cycle humain qui l'a précédée.

L'infinie liberté, conséquence d'une science exagérée, aboutit nécessairement à l'infinie fatalité.

C'est l'explication rationnelle de ce mythe, le péché originel *de l'arbre de la science*, que l'antiquité avait su découvrir par la seule force de l'intuition, et qu'elle nous a transmis d'âge en âge par la tradition ; c'est aussi par l'intuition, cette révélation éternelle, qu'elle a su nous prédire, par ses prophètes, la grande catastrophe de l'homme dans l'avenir.

Ô voix intérieure ! instinctive, prophétique, n'est-ce pas toi que j'entends encore éclater de nos jours, — quand à chaque grande découverte moderne l'homme s'écrie avec terreur :

Où allons-nous ?

N'est-ce donc pas là le cri instinctif de l'oiseau qui sent venir l'orage.

Le dernier chant du cygne précurseur de la mort.

Qu'est-ce donc que la vie ?

La lutte éternelle de la liberté contre la fatalité et le triomphe définitif des forces brutales de la nature sur la liberté humaine.

Voilà tout son sens.

C'est le mythe de Brahma se dévorant les orteils, le mythe du serpent se dévorant la queue.

Comment la conception du péché originel et de la chute de l'homme est-elle arrivée jusqu'à notre cycle à travers le dernier cataclysme ?

Nous allons essayer de vous le faire comprendre : ou bien l'on peut admettre que le cycle d'Adam ne disparut pas tout entier, que quelques-uns des hommes ayant appartenu à cette civilisation inouïe furent sauvés, comme par miracle, de cette grande catastrophe, et qu'ils racontèrent à quelques peuples sauvages, échappés comme eux à la ruine générale et qui étaient restés complètement étrangers à l'ancienne civilisation, l'histoire du drame humain. Ils leur dirent : que l'humanité avait joui autrefois d'une puissance et d'une liberté presque divines, et que, plus tard, *enorgueillie de sa science et de sa force*, elle était tombée victime de sa témérité, en déchaînant contre elle les énergies de la nature ; mais comme la vérité ne pouvait être révélée à ces hommes grossiers sous les formes du langage ordinaire, ils employèrent les mythes et les symboles pour mieux la leur faire comprendre et retenir. De là, le mythe du péché originel *de l'arbre de la science* du fruit défendu, comme explication du grand drame humain, mystère insondable que personne n'avait su expliquer d'une manière rationnelle avant nous.

Ou bien l'on peut admettre que le cycle humain qui apparut sur le globe après le dernier cataclysme, sut découvrir la cause de la chute de l'homme par la seule force de l'*intuition* cette lumière du génie.

En effet, qu'on le remarque, l'intuition, qui aujourd'hui n'est qu'un mot pour bien des gens, trouvera plus tard sa formule et son mode d'évocation quand le fluide magnétique, cette énergie de la foi et de la volonté, nous sera mieux connu.

Quant à nous que cette conception du péché originel et de la chute de l'homme ait eu lieu, soit par une *révélation humaine*, soit par la seule force de *l'intuition*, au seul spectacle d'une nature bouleversée ou à l'aspect des ruines gigantesques de Karnak ou de tout autre cité, peu nous importe.

Nous ne nous sommes attachés dans ce livre qu'à une seule chose, à interpréter, expliquer, formuler *le grand fait du péché originel*, le mythe de l'arbre de la *science et du fruit défendu*.

Rien de plus, rien de moins.

Qu'on cherche à expliquer autrement que nous le faisons nous-mêmes, le mythe de *l'arbre de la science et de la chute de l'homme*.

On parlera vainement pour ne rien dire.

Si le mythe de l'arbre de la science et de la chute de l'homme ne veut pas signifier une civilisation exagérée, une science immense, inouïe, comme son nom l'indique ; aboutissant fatalement à une catastrophe universelle il ne peut avoir aucun sens.

C'est pourquoi je défie tous les philosophes, tous les historiens, tous les savants du monde, de pouvoir expliquer ce mythe d'une manière plus rationnelle que je vais tenter de le faire dans ce livre.

Livre premier

Le présent.

La diffusion des lumières source d'un progrès infini.

I.

Parmi les nombreux défauts qu'a ce livre, le plus grand, à mon avis, c'est d'être incompréhensible aux yeux de tous ; c'est là le défaut de toutes les prophéties qui, écrites à une époque, ne sont réalisables que longtemps après. Le milieu dans lequel elles tombent est si peu préparé pour les recevoir, qu'elles paraissent toujours absurdes aux esprits vulgaires. Si nous pouvions l'écrire dans cent ans d'ici, il perdrait certainement de son incompréhensibilité, et nous trouverions peut-être quelques hommes pour le comprendre, car le temps aurait marché et la civilisation aussi ; mais il perdrait son caractère intuitif : quand on voit descendre le baromètre, il n'est plus difficile d'annoncer la tempête.

II.

Nous nous résignons donc à ne pas être compris aujourd'hui, bien certain qu'un jour viendra où ce livre ne fera que formuler l'opinion du monde.

III.

Celui qui aurait prédit l'Empire en 1847, eût passé pour un fou ; nous sommes aujourd'hui sous l'Empire et le fou serait un prophète.

Quand Jeanne d'Arc prédit qu'elle ferait lever le siège d'Orléans, qu'elle ferait sacrer le roi à Reims, et qu'elle chasserait les Anglais de France, que de peine eut-elle à se faire comprendre, et cependant l'événement devait s'accomplir comme elle l'avait annoncé.

Quand Christophe Colomb prophétisa le Nouveau-Monde, les rois, les savants, les habiles de l'époque le considérèrent comme un fou ; il eut toutes les peines du monde à se faire donner une mission qui devait enrichir l'Espagne et ajouter un nouveau monde à l'ancien.

Donc, vous ne devez pas me comprendre quand je viens vous annoncer la fin *du monde organique par la science.* Si peu de gens savent lire l'*avenir dans le passé.*

IV.

Mais, direz-vous, quelle est cette grande cause qui doit amener un si prodigieux effet ? Je vous le dis : une toute petite cause à condition que sa force virtuelle latente soit infinie ; car il n'y a pas de petites causes, et l'infini, qui est l'essence de Dieu même, se trouve être tout aussi bien dans l'atome imperceptible que dans l'univers lui-même.

V.

C'est en vertu de cette force virtuelle latente, que les minéraux se cristallisent d'après des formes typiques, régulières et géométriques, que les plantes et les animaux se reproduisent dans une variété infinie de classes, d'espèces et d'individus ; que les corps se combinent et se dissocient selon des rapports rigoureux ; que l'électricité jouit de l'ubiquité, et qu'elle ne connaît ni temps, ni espace ; que les fluides impondérables agissent et réagissent sur la nature entière, et la pétrissent d'après des lois typiques et fatales.

VI.

Cette force virtuelle latente, n'est autre chose que la volonté de Dieu qui s'accomplit chaque jour dans l'univers.

VII.

Aussi quand je vois courir l'homme au milieu des forces si terribles de la nature, le flambeau de la science à la main, oh ! je crains l'étincelle imprudente qui doit faire sauter le monde.

Pline fut victime de sa curiosité.

Le savant physicien qui renouvela l'expérience du cerf-volant électrique, après Franklin, Reichtmann, fut foudroyé dans son cabinet.

Pilastre des Rosiers, l'un des successeurs de Montgolfier, fut précipité du ciel.

Dulong perdit un bras et un œil en préparant du chlorure d'azote.

Lorsqu'on essaya pour la première fois de solidifier l'acide carbonique, l'appareil éclata et le préparateur fut déchiré en mille pièces.

Le chloroforme et l'éther produisirent de nombreux accidents comme l'on sait. Plus d'un malade s'endormit pour ne plus s'éveiller.

Tout le monde sait qu'il n'y a pas de mécanicien et de chauffeur qui puissent faire leur métier infernal plus de dix ans.

Tout le monde sait aussi que tous les aéronautes sont victimes de leur audace au bout de trente ou quarante ascensions.

VIII.

Est-ce à dire que nous ne parviendrons pas à nous servir sans danger de la vapeur et de l'aérostation ; je l'espère, mais qu'on ne l'oublie pas, l'*audace de l'homme ira toujours en augmentant*, à mesure qu'il découvrira de nouvelles forces dans la nature, il voudra faire de nouvelles applications : aujourd'hui la vapeur, l'électricité, demain les fluides magnétiques ; car, sachons-le bien, nous ne sommes encore qu'à l'*aurore des choses, c'est à peine si la civilisation commence à poindre*, et cependant l'on peut juger d'après ce qu'elle a produit de nos jours, ce qu'elle pourra produire dans deux ou trois cents ans d'ici. Les expositions universelles qui auront lieu alors, prouveront la vérité que j'avance : plus nous irons en avant, plus les progrès se feront rapidement, la civilisation suivra dans sa marche la loi de la chute des corps dont la vitesse croît comme le carré des temps.

IX.

La cause de cette accélération constante de vitesse sera, en premier lieu, la diffusion des lumières.

X.

Sachez-le bien, dans peu de temps, je mets cinq siècles au plus, tout le monde saura lire, écrire, compter ; si vous calculez la population d'alors, vous verrez qu'un milliard d'êtres intelligents seront à même *d'apprendre, d'observer, de produire*. Une loi nouvelle force les parents et les patrons d'envoyer les enfants aux écoles. Des écoles professionnelles s'élèvent partout, allez aux Arts-et-Métiers et voyez ces milliers d'ouvriers suivant chaque année les cours de physique, de chimie et de géométrie ; ne croyez pas que ces hommes s'en vont, comme ils sont venus sans avoir rien appris, rien retenu, il m'est arrivé souvent de causer avec eux, et d'être émerveillé de la puissance de leur mémoire et des déductions qu'ils savent tirer de ce qu'ils ont vu ; les uns sont mécaniciens, et ils trouvent de nouveaux systèmes d'engrenage ou de poulies, à ajouter à la machine qu'ils voient fonctionner tous les jours.

XI.

Pour notre part, nous connaissons un des auditeurs du conservatoire des Arts-et-Métiers, qui trouva l'ingénieux moyen de rendre la laine qui sert à filtrer l'eau, incorruptible, en la soumettant à une préparation de tannate de fer. La même personne assistant un jour à la théorie de la formation des dépôts calcaires dans les chaudières à vapeur, — dépôts, comme l'on sait si dangereux — trouva le moyen de faire arriver la vapeur de la chaudière dans le réservoir pour y faire bouillir préalablement l'eau et dégager l'acide carbonique, et précipiter le carbonate de chaux tenu en dissolution ; puis, il faisait passer cette eau bouillante à travers un filtre pour servir ensuite aux besoins de la machine à vapeur, l'on n'avait plus besoin par ce nouveau procédé, d'éburner la chaudière, ce qui la détériore beaucoup, parce qu'il faut renouveler souvent l'opération. L'on avait cherché en vain jusqu'à lui le moyen d'arriver à ce but : les diaphragmes, les pommes de terre, tout avait échoué.

Je citerai cet exemple entre mille. Il serait trop long et complètement inutile de mentionner ici *tous ceux* qui, parmi ces auditeurs, ont su dégager l'inconnu et faire avancer l'industrie.

XII.

Mais, qu'on le remarque tout d'abord, ce ne sont jamais des savants patentés qui inventent. Fulton, Daguerre, n'étaient pas de l'Académie. Les savants ne font qu'emmagasiner les connaissances acquises ; ils en expliquent les lois, puis ils sont chargés de les vulgariser ; mais ces paroles ne sont pas perdues, les auditeurs observent, retiennent et réagissent : ce qui n'était que du domaine de la spéculation est tombé dans le domaine de la pratique. La science fait l'industriel, et à son tour l'industriel fait le savant ; car l'industrie apporte tous les jours de nouveaux faits à observer, que la science numérote et classe ; la lumière part du centre et va à la circonférence, mais à son tour la circonférence réfléchit les rayons et les renvoie au centre. C'est de cette action et de cette réaction réciproque que naît le *progrès*.

XIII.

Une autre source de *diffusion des lumières*, ce sont les journaux, ces mille renommées qui vont d'un hémisphère à l'autre racontant les nouvelles découvertes, les nouvelles applications. Des millions d'hommes les lisent chaque jour. Les comptes-rendus de l'Académie, des corps savants, sont vulgarisés, mis à la portée de tous ; ce sont des semences qui font germer de nouvelles idées et de cette association d'idées naît la lumière.

XIV.

La *diffusion des lumières* nous viendra encore par les moyens de communications devenues plus rapides ; aujourd'hui l'éther, la vapeur, le vide ; demain l'électricité, les ballons, puis…

Tout le monde voyage aujourd'hui, ce sera encore bien mieux dans cent ans ; mais voyager *c'est voir, c'est observer, c'est vouloir*, et de vouloir à produire il n'y a qu'un pas. Il est impossible de voyager sans sentir cette gradation de phénomènes se manifester en nous. Toutes nos plantes exotiques sont là pour prouver l'utilité des voyages ; sans Christophe Colomb, nous n'aurions jamais connu la pomme de terre, cette solanée qui nourrit un quart de la population de l'Europe ; le quinquina, ce rubiacée le plus usité des médicaments. Sans les Phocéens, nous ne connaîtrions pas l'olivier, ce jasminée qui fait vivre la moitié de notre France. On sait, en thérapeutique, de quelle utilité sont les plantes exotiques ; mais si on n'emportait de ses voyages que des plantes, ce ne serait rien, l'on emporte aussi de nouvelles idées.

XV.

Je lisais dans une publication, que l'Angleterre avait en ce moment 7 800 milles de chemins de fer et que cent millions de voyages ont été faits l'année dernière ; l'Amérique du Nord compte 28 800 k., et l'on calcule qu'en 1860 il y aura 56 000 k. en parcours ; faites la proportion et vous serez effrayés. Si vous supposez que la population du globe doive doubler d'ici à deux siècles, et que les voies de fer aillent en se multipliant, selon les besoins de la population, ce ne sera pas par millions qu'il faudra compter les voyages, mais par milliards, puisque l'Angleterre seule, avec sa population et ses moyens de transports actuels, a fait l'année dernière cent millions de voyages, et si vous partagez cette opinion : que les voyages, en multipliant les rapports entre les hommes, *doivent centupler leur puissance, jugez ce que devront être les connaissances humaines dans quelques siècles d'ici.*

XVI.

Une autre source de *diffusion des lumières* sera la *paix universelle*, le temps des conquêtes est passé ; l'Évangile ira se formulant de plus en plus dans les lois et les mœurs, dans les rapports de peuple à peuple ; les volcans qui, autrefois, embrasaient la planète, ne sont-ils pas éteints aujourd'hui ? *La guerre* cessera aussi à son tour ; aujourd'hui nous n'avons plus de guerres de religion, le moyen-âge n'est plus ! Et bientôt, les rapports se multipliant de plus en plus entre les différentes races humaines, elles ne feront toutes qu'une seule race composée d'éléments différents en apparence, mais identiques au fond. Les sept couleurs primitives du prisme ne se confondent-elles pas dans un même rayon ? Nous croyons que cette *paix universelle*, prédite par l'abbé de St-Pierre, se réalisera bientôt dans le monde ; quand on parle de l'humanité, l'on sait ce que bientôt signifie. Elle qui a le temps pour mesure, et la guerre de Russie n'est qu'un simple accident, un épisode du moyen-âge.

XVII.

Mais, patience, la guerre n'est plus dans le moi humain, il en perd chaque jour l'instinct, il n'en veut plus ; que demain l'Italie, la Pologne et la Hongrie soient reconstitués, que la France ait repris les bords du Rhin et vous serez aussi de mon avis. Ce demain peut être dans cinquante ans, dans cent ans, qu'importe ! les siècles ne sont-ils pas des jours quand il s'agit de l'histoire de l'homme ?

Mais, si la guerre n'existe plus, les travaux de la paix vont augmenter l'essor de la civilisation. *Voyez ce qui s'est produit pendant les quarante dernières années, et jugez à quel degré peut atteindre la puissance humaine.*

XVIII.

Une autre source de *diffusion des lumières*, ce sera l'*unité de langue* qui sera la conséquence des rapports plus multipliés entre les hommes ; l'on sait que ce qui sera un jour a déjà été dans l'antiquité où le latin était parlé, non-seulement dans toute l'Italie, mais encore en Espagne, en Portugal, en Angleterre, en France, en Sicile, en Hongrie ; l'on retrouve encore dans toutes ces langues, non-seulement des traces, mais encore les racines d'une grande partie des mots qui les composent ; en Hongrie on parle latin comme autrefois au Forum, jusqu'au xviie siècle, les chartes, la diplomatie, les universités ne se servaient que du latin, c'était la langue universelle ; les sermons, les examens, les thèses tout se faisait en latin. Les Romains avaient imposé au monde leur langue et leur droit les armes à la main. Dans le monde moderne, les progrès seuls de la civilisation et les rapports plus multipliés entre les hommes produiront les mêmes effets ; voyez si les costumes, ces enveloppes extérieures des originalités nationales, n'ont pas disparu ? si l'uniforme n'est pas le même chez tous les peuples civilisés, et comment comprendre que les différentes langues, qui ne sont après tout que les différents costumes de la pensée, ne se confondront pas un jour en une seule.

XIX.

Le patois ne tend-il pas à disparaître, par suite des rapports plus multipliés des hommes : Eh bien ! un jour viendra où cette discordance des langages disparaîtra à son tour ; cela est si vrai, que sur les frontières de France et de Prusse, à Strasbourg par exemple, la langue est moitié française, moitié allemande ; sur presque toutes les frontières, le phénomène est le même ; il est en cela semblable à ce que nous voyons chaque jour dans l'optique, où chaque couleur primitive se confond avec la couleur voisine à son point de contact.

XX.

La France étant le peuple initiateur par excellence, ce sera sans doute sa langue qui sera le grand dissolvant et le récipient dans lequel toutes les langues viendront se confondre, n'en fut-il pas de même un jour pour la langue latine. Où serait-il donc ce peuple initiateur, si nous ne l'étions plus ? n'a-t-elle pas déjà fait accepter ses lois civiles. Son unité métrique ne sera-t-elle pas bientôt l'unité de mesure du globe entier, notre langue d'ailleurs, n'est-elle pas la langue qui s'approche le plus de l'universalité, la France est le pays que chacun préfère après sa terre natale, dit Henri Martin.

XXI.

Je ne m'appesantirai pas sur les conséquences immenses qui doivent résulter d'une langue universelle, les lecteurs les comprennent aussi bien que moi : que deux hommes, l'un français, l'autre russe, se trouvent ensemble parlant chacun sa langue, quel commerce peut-il exister entre ces deux hommes ? de quelles difficultés leurs rapports ne sont-ils pas environnés ? Le langage mimique sera le seul par lequel ils pourront se faire comprendre ; mais que ces deux hommes au contraire parlent la même langue, leurs rapports se multiplieront à l'infini ainsi que leur puissance.

Il en sera de même pour l'humanité, le jour où elle parlera la même langue, *ses forces seront centuplées.*

XXII.

Il me serait trop long, et il deviendrait superflu d'analyser plus longtemps les sources de la *diffusion des lumières*, je passe ici sous silence, l'unité politique et l'unité religieuse qui doivent concourir au même but, et qui sont peut-être les plus importantes ; mais je laisse au lecteur le soin d'étudier ces questions auprès d'hommes plus compétents que moi.

XXIII.

Je me résume donc en quelques mots, et je conclus de tout ce qui précède :

Que l'instruction universellement répandue ;

Que la presse, cette renommée aux mille voix, qui sème partout l'idée comme le vent sème le pollen ;

Que les chemins de fer et les télégraphes électriques, ces traits d'union jetés entre les hommes ;

Que la science, cet oracle de l'avenir ;

Que la paix universelle, cet accord des volontés ;

Que l'unité de langue, cette algèbre universelle qui permet de résoudre les plus grands problèmes ;

Que l'unité politique et l'unité religieuse, cette conclusion de la raison ;

Sont les éléments d'une pile d'une puissance incalculable, la *diffusion des lumières*, dont la force croît en raison directe des éléments qui la composent, et qui est destinée un jour à *changer la face du monde*.

XXIV.

Si vous pouviez comprendre, comme moi, la puissance que l'homme a acquise seulement dans *ces cent dernières années*, vous en seriez effrayés, et ma prédiction ne vous paraîtrait pas exagérée ; en effet, n'est-ce pas à peine depuis cent ans que Papin découvrit une force dans la vapeur, que Lavoisier et Guyton de Morveau firent une science de la chimie, en lui donnant la nomenclature ? N'est-ce pas dans ce siècle extraordinaire que les gaz furent liquéfiés et même solidifiés, que l'électricité fut appliquée aux télégraphes, que Montgolfier découvrit l'aérostation et que Mesmer retrouva le magnétisme dont on rit aujourd'hui, comme nos pères riaient autrefois de l'électricité, de la rotation de la terre, des antipodes, de la chimie, de la vapeur ; mais qui, un jour, doit nécessairement jouer un rôle immense dans la destinée de l'humanité.

La face du monde va donc changer !

XXV.

Ceci peut vous paraître la conclusion d'un fou, ou tout au moins d'un illuminé.

Colomb était-il fou, lorsque, les yeux fixés sur l'horizon infini des mers, il annonçait à son équipage le nouveau monde ? Les ignorants, fatigués de regarder et de ne rien voir venir, murmuraient contre le prophète, le traitaient d'imposteur. Les cris de la sédition ne pouvaient venir jusqu'à lui, car Colomb avait vu avec les yeux de la foi et du génie la plante marine, cet avant-coureur du rivage ; il avait vu les oiseaux exotiques aux formes bizarres, ces messagers du nouveau monde : et la création nouvelle se manifestait en lui. Aussi, fort comme l'homme qui possède la vérité et qui est sur le point de la révéler aux yeux des hommes, ces menaces le laissaient-elles à ses rêveries ; le temps et l'espace, cet immense Protée qui renferme toutes les formes, lui était apparu ; il s'entretenait avec lui, plongeant déjà avec les yeux de l'intuition son regard prophétique dans les sombres forêts de l'Amérique, foulant déjà dans ses rêveries les verdoyantes forêts du Nouveau Monde, quand le cri de terre ! terre ! poussé dans les vergues, et que lui-même avait poussé quelques années avant dans le palais de Ferdinand et d'Isabelle, l'arracha à ses contemplations.

Le miracle était accompli, le Nouveau-Monde existait.

XXVI.

Et moi aussi je viens vous crier : Terre ! terre ! car le nouveau monde est proche, et l'ancien n'est plus ; car j'ai vu la vapeur, plus rapide que l'oiseau des mers, entraîner dans sa puissante expansion les hommes et les choses.

J'ai vu l'électricité, cette pensée de la matière, ce rayon arraché du soleil, ne connaître ni temps ni espace, et volatiliser les corps les plus réfractaires.

J'ai vu les gaz liquéfiés et même solidifiés, sous des pressions énormes.

J'ai vu le fluide magnétique, cette émanation de la foi et de la volonté, poindre à l'horizon, et les miracles des derniers temps vont se réaliser.

Un encyclopédiste pourrait seul vous dire ce que je n'ai pas vu ; le diable, nous dit la Bible, pour tenter l'homme, se déguise en ange de lumière. Au mauvais jour, il tendra des pièges sous nos pas, il rôdera autour de nous, semblable à la bête de proie qui veut déchirer.

XXVII.

Quand vous avez quitté depuis de longues années votre petit enfant, faible et chétive créature attachée au sein de la mère comme la fleur l'est à l'arbre, et que vous le retrouvez ensuite homme fort, intelligent, actif, vivant de sa propre vie et s'épanouissant sous mille formes dans le monde extérieur, vous ne le reconnaissez plus ! Ce n'est plus là votre enfant, la transition est trop grande ; c'est un être d'une nature tellement supérieure, que votre esprit ne peut comprendre une si étrange métamorphose : pour l'historien philosophe, qui saute de l'antiquité à la civilisation moderne sans traverser le moyen âge, la transition est la même.

XXVIII.

Admettez par hypothèse que Pythagore, ce grand philosophe, sorte du tombeau où il dort depuis plus de vingt siècles, et qu'il puisse voir les prodiges de la civilisation : il nous prendrait certainement pour des *dieux ;* il en serait de même de nous si, comme Lazare, nous ressuscitions dans *mille ans d'ici,* car l'espace parcouru par la civilisation aurait crû comme le carré des siècles, et les hommes d'alors nous paraîtraient jouir *des attributs de la divinité.* Est-ce vrai ?

XXIX.

Nous ne sentons pas plus ces grands miracles de force et de civilisation que nous ne sentons le poids immense de l'atmosphère qui nous presse de toute part sans nous étouffer, pourquoi ? C'est que nous vivons au milieu du progrès comme nous vivons au milieu de l'atmosphère, où les différentes pressions s'annulent les unes par les autres, en se faisant réciproquement équilibre.

Le jour où l'homme jouera avec les énergies terribles de la nature, comme Carter jouait avec ses lions et ses tigres, ce jour-là qu'il ne commette pas la moindre imprudence, *car il serait perdu !*

XXX.

Deux opinions se partagent aujourd'hui le monde. Les uns, ignorants, affirment que le possible est arrivé à ses dernières limites, que la civilisation est à bout de progrès. L'autre opinion affirme au contraire, que nous ne sommes encore qu'à l'aurore des choses, et que les évolutions de l'humanité à travers le temps sont infinies.

XXXI.

Cette opinion est celle de tous les hommes éminents de notre époque. Lisez Michelet, Victor Hugo, Lamartine, Pelletan, Reynaud, Fourier. Vous la retrouverez partout, c'était aussi l'opinion de Condorcet dans son tableau des progrès de l'esprit humain, quand il dit que la perfectibilité de l'homme est réellement indéfinie, et que le développement de ses progrès est désormais indépendant de toute puissance qui voudrait les arrêter, et qu'ils n'ont d'autre terme que la durée du globe où la nature nous a jetés ; il va même jusqu'à nous laisser pressentir que l'homme triomphera un jour de la mort elle-même.

XXXI.

Comment ne pas admettre cette affirmation. Le magnétisme et les anesthénisants n'ont-ils pas déjà supprimé la douleur ? M. Cloquet, dit Gasparin, fit l'ablation du sein droit d'une femme ; pendant les douze minutes qu'a duré l'opération, la malade magnétisée a continué à s'entretenir tranquillement avec l'opérateur. La reine Victoria et des milliers de femmes furent accouchées de nos jours, sans douleur, après avoir été soumises à l'action de l'éther ou du chloroforme. La science a donc mis la Bible en défaut, et le fameux verset : la femme *enfantera avec douleur*, n'est plus la loi générale de la reproduction de l'espèce.

XXXIII.

Pascal, lui-même, ne croyait-il pas au progrès infini des facultés humaines, quand il nous disait que l'humanité était un seul homme, qui subsistait toujours et qui apprenait sans cesse.

XXXIV.

Quant à moi, je partage en tout point l'opinion de ces philosophes. Oui, je crois au progrès infini de la science ; oui, je crois à la puissance infinie de l'homme dans le temps ; mais, j'admets de plus que ces philosophes, la *fatalité*, naissant des progrès mêmes de cette civilisation : fatalité d'autant plus terrible, que la civilisation sera plus grande, chute d'autant plus mortelle que l'homme sera tombé de plus haut. Catastrophe enfin, qui fera disparaître l'homme de la planète. Oui, l'homme parviendra un jour, par les profondeurs de son génie, à déchirer le voile du temple, à briser l'enveloppe des choses, mais quand, comme cette petite plante, le saxifrage, *il aura brisé le rocher de la nature, celui-ci s'entrouvrira pour l'écraser sous ses ruines, et la fin du monde sera accomplie.*

Sachons-le bien, nous sommes entre deux chutes. Nous nous relevons à peine de celle que fit Adam, c'est-à-dire l'humanité, qui nous précéda, et déjà nous marchons à grande vitesse à une autre ruine ; toutes deux ont une origine commune : l'orgueil *de la force et de la science*, ce péché originel dont parle l'Écriture, ce fruit défendu que personne jusqu'à nous n'a su expliquer philosophiquement. Cet arbre de la *science du bien et du mal*, source de toute tentation et qui est la base de toutes les religions.

XXXV.

Donc, nous formulerons notre pensée tout autrement que Vico et Michelet, dont l'un avait conçu la civilisation comme un cercle, unité de mesure des autres civilisations. L'autre, comme un cercle, mais un cercle concentrique, qui serait circonscrit par des cercles de plus en plus grands.

XXXVI.

Ne pourrait-on pas plutôt comparer la marche de la civilisation à travers le temps, à cet escalier tournant en spirale dans la tour penchée de Pise, qu'un ouvrier imprudent voudrait élever indéfiniment sans calculer le degré d'obliquité au plan ? Ne pourrait-on pas craindre qu'un jour la verticale, qui passe par le centre de gravité, ne vînt à tomber en dehors du cercle de base, et que l'édifice ne s'écroulât sous son propre poids ? En effet, nous ne connaissons ni le degré d'obliquité au plan, c'est-à-dire, la cause de toute ruine en ce monde, *la fatalité*, ni la base sur laquelle l'édifice repose.

Comment pourrions-nous calculer à quelle hauteur nous pouvons élever le monument de la civilisation, ni quels matériaux nous pouvons encore lui faire supporter !

XXXVII.

Quand on ne connaît ni l'élasticité du gaz ni la force de la chaudière, peut-on, sans imprudence, chauffer indéfiniment, et ne peut-on pas prédire, sans être prophète, que la machine doit fatalement éclater dans un temps donné.

XXXVIII.

Le tiers de notre tâche est achevé ; nous croyons avoir démontré d'une manière évidente le progrès indéfini de l'humanité dans l'avenir : calculez maintenant, si vous le pouvez, la force d'un pareil levier, qui aurait toutes les acquisitions de la science pour bras, l'intelligence humaine pour puissance, et voyez s'il est un jour une seule résistance qui puisse lui faire équilibre ; je le répète donc, le jour où cette terrible machine sera mise en mouvement, le monde en sera ébranlé, et l'humanité disparaîtra sous ses ruines.

Les derniers temps seront venus.

XXXIX.

Il nous restera à chercher, ou plutôt à dégager dans le livre suivant, le grand inconnu dont tous les philosophes et les théologiens se sont occupés jusqu'à nous, sans solution ; je veux dire, le péché originel et la chute de l'homme, et quand nous l'aurons trouvé, vous concevrez que le titre de ce livre est la déduction fatale de nos recherches. Vous concevrez aussi que cet x du passé, ce péché originel, cet *arbre de la science*, ce fruit défendu, source de tous nos maux, ne peut avoir d'autre solution que celle que nous allons développer devant vous.

Livre II

Le passé

*Le péché originel. — Révolte et chute des anges. —
Révolte et chute de l'homme.*

XL.

Pour qu'il y ait chute, il faut qu'il y ait eu préalablement grandeur ; ces idées sont corrélatives, elles sont entre elles dans le rapport de cause à effet.

XLI.

C'est ainsi que l'on dit : la chute de l'Empire romain, de l'Empire grec ; la chute de l'Empire d'Assyrie, de Perse, de Ninive, de Macédoine.

Les chutes ont été d'autant plus grandes que les empires tombés étaient plus grands.

Les ruines sont en raison directe de l'édifice qui s'écroule.

XLII.

Il fallait donc que la puissance de l'humanité, personnifiée dans Adam, fût bien grande et sa chute aussi.

Quand à travers 5 000 ans, le souvenir en vit encore au milieu de nous ; quand nous retrouvons après cinquante siècles, le monde à moitié enseveli sous les ruines du passé ; quand la fatalité nous obsède de toute part par la maladie, la douleur et la mort.

XLIII.

Supposez, par hypothèse, que la civilisation vienne à disparaître, et que par abstraction vous fussiez transportés au milieu des forêts de la Germanie ou parmi ces peuples théocratiques de L'Égypte et de l'Inde ; oh ! alors, vous sentiriez d'une manière évidente ce qu'a dû être la dernière catastrophe, les conséquences fatales du péché originel ; ayant vu la lumière éclatante de notre siècle, vous ne pourriez plus supporter les ténèbres épaisses de l'antiquité ou du moyen âge ; hommes civilisés, vous ne pourriez plus supporter la barbarie des anciens âges, car vous auriez toujours le souvenir de votre grandeur passée, et votre chute vous serait affreuse.

XLIV.

C'est ainsi que l'humanité a porté en elle, pendant des siècles, le souvenir inconscient, intuitif, latent de *sa grandeur passée et de sa déchéance :* souvenir que la tradition nous a transmis d'âge en âge.

XLV.

Plusieurs doctrines ont été émises sur le péché originel et sur la chute du premier homme.

« Les prêtres, nous dit Jean Reynaud, acceptent les mystères sans les comprendre ; les philosophes se bouchent les yeux pour ne pas les voir et récusent leur existence. Le xviiie siècle ne voit dans les monuments religieux de ses pères que les jeux de leur imbécillité et de leur folie.

« Les symboles sont les gazes dont l'humanité se sert pour cacher les vérités religieuses : s'il n'existait rien derrière, comment arriveraient-ils jusqu'à nous après cinq mille ans ? Comment l'humanité, qui a rejeté les magiciens n'irait-elle pas rejeter la perte de l'humanité tout entière, qui ne peut se concilier avec la justice de Dieu. »

XLVI.

Nous partageons complètement l'opinion de M. Reynaud ; cependant, nous rejetons de toutes nos forces ces paroles un peu légères : « Comment l'humanité, qui a rejeté les *sortilèges*, n'irait-elle pas rejeter la perte de l'humanité tout entière, qui ne peut se concilier avec la justice de Dieu », car, les phénomènes magiques qui ont rempli toute l'antiquité et tout le moyen âge ne peuvent être de pures fictions de notre esprit, car nous voyons de nos jours les mêmes phénomènes se renouveler, et des hommes tels que Gasparin, de Mirville, Moussay, Chevreul, Carpenter, Faraday, chercher à les expliquer ; à coup sûr l'on ne cherche à expliquer que ce qui est, et si les phénomènes des fluides magnétiques n'existaient pas, tous ces auteurs, observateurs consciencieux, n'auraient pas cherché à les expliquer ; celui qui en dehors des mathématiques pures, prononce le mot impossible, *manque de prudence* (Arago, *Annuaire*, 1853.) »

Les mouvements naissants, selon Basinet.

Les suggestions, selon Carpenter.

Les fluides volontaires, selon Gasparin.

Les esprits, selon de Mirville.

Toutes ces causes seraient absurdes, car pourquoi expliquer des phénomènes qui n'existent pas ; il faut donc, ou que ces phénomènes existent, ou que ces auteurs soient fous. Quant à nous, nous croyons qu'ils sont dus à une force psychologico-physiologique, seulement ils ne sont encore qu'à l'état de faits, un jour un homme formulera tous ces faits et en fera une science, comme Lavoisier a fait sortir de l'alchimie la chimie, qui après la physique est la première science de notre siècle ; ceci dit en passant, revenons à notre sujet.

XLVII.

Plusieurs opinions se sont donc formulées sur le péché originel et sur la chute de l'homme.

XLVIII.

La première, sceptique, nie le péché originel et ses conséquences : *la chute de l'homme et de la nature*. Pour ces philosophes, l'histoire et la tradition de tous les peuples, toutes les théogonies de l'antiquité, qui nous racontent le grand drame humain, sont, pour ainsi dire, comme non avenues. Adam, le fruit défendu, rien de tout cela n'a jamais existé. Il est effectivement plus facile de nier carrément que de chercher à expliquer. Ces philosophes nieront aussi l'inspiration de Jeanne d'Arc, sauvant un jour la patrie. Car, comment expliquer ce grand fait historique ? En pressant un peu cette philosophie, l'on arrive au nihilisme absolu, car rien ne peut s'expliquer que d'une manière relative dans ce monde.

Le nihilisme trouve donc sa condamnation en lui-même, et le bon sens public en a fait justice depuis longtemps.

XLIX.

Une seconde opinion est celle qui est soutenue par les théologiens, elle consiste à dire, d'une manière formaliste et le texte biblique, à la main : que le péché originel provient de la désobéissance du premier homme, qui s'appelait Adam ; de cette horrible faute, d'avoir mangé du fruit d'un arbre qui se trouvait au milieu de l'Éden. Ces théologiens par cette explication judaïque, s'en tiennent au mot et non à l'esprit de la Genèse.

L.

Quand, enfant, vous demandiez à votre grand-mère les mystères de votre naissance, elle vous répondait qu'elle vous avait trouvé sous une plante ; vous étiez content de cette explication alors, en seriez-vous satisfaits aujourd'hui ? Aussi cette théorie du fruit défendu et du péché originel est-elle tombée sous le sourire de la raison, comme l'explication de votre grand-mère, personne n'y croit plus aujourd'hui.

LI.

La troisième opinion, plus rationnelle que les deux autres et par conséquent plus philosophique, mérite d'attirer un peu plus notre attention ; elle s'attache moins aux mots de la Genèse, *qu'à leur sens et à leur esprit*, elle cherche plus ce qu'elle a voulu dire que ce qu'elle a dit ; elle comprend que le fruit défendu n'est qu'un mythe, qu'une énigme, qu'une formule dont il s'agit de dégager l'inconnu et d'expliquer le sens.

LII.

L'homme et la femme, selon cette doctrine, placés dans l'Éden, y vivaient spirituellement dans une béatitude et une innocence parfaites ; mais le serpent, selon eux, symbole des passions charnelles, de toute souillure, de tout vice, de toute corruption, souffla sur eux les désirs sensuels, et l'homme et la femme écoutèrent la voix de la chair. Alors leurs yeux furent ouverts, ils virent leur nudité et se cachèrent. Dieu irrité de leur désobéissance, les chassa du paradis où ils jouissaient de l'immortalité, et les jeta sur la terre où ils furent assujettis, eux et leurs descendants, à toutes les misères de ce monde.

LIII.

Voilà, selon nous, une singulière manière d'expliquer la chute de l'homme et la fatalité qui pèse sur nous depuis cinq mille ans : elle révolte l'idée que nous nous faisons de la justice de Dieu. L'on ne peut comprendre, en effet, que Dieu qui avait donné à l'homme l'organisation nécessaire pour la reproduction de son espèce, l'ait puni pour avoir succombé aux sollicitations de sa nature.

D'ailleurs, comment concilier la justice divine, avec cette condamnation de l'humanité tout entière pour *la faute du premier homme*.

LIV.

La responsabilité aux yeux de la raison doit-être personnelle, et je ne puis comprendre, en bonne justice, que moi et mes enfants, après cinq mille ans, nous portions encore le poids d'une faute que nous n'avons ni commise, ni pu empêcher. Toute sanction pénale suppose une responsabilité et je ne puis comprendre un châtiment, là où il n'y a ni faute, ni responsabilité de ma part.

Que la théologie explique comme elle le voudra cette anomalie de la justice divine, elle ne parviendra jamais à me faire comprendre que Dieu, qui est la justice même, puisse, jusque dans les générations les plus reculées, punir l'humanité tout entière pour la faute d'un seul.

Que diriez-vous d'une loi humaine qui frapperait de sa colère, jusque dans les générations les plus reculées, les enfants pour la faute du père ? Ne vous paraîtrait-elle pas barbare, atroce, et le législateur d'une pareille loi ne devrait-il pas encourir la colère divine, après avoir été frappé de la malédiction de l'humanité tout entière ?

LV.

Comment, d'ailleurs, concilier votre interprétation du péché originel avec ce verset de la Bible : « Dieu les bénit et il leur dit : *Croissez et multipliez* ». Comment osez-vous mettre ainsi l'immuable en contradiction avec lui-même ? Comment expliquez-vous que Dieu frappe l'homme pour l'acte de la génération après le lui avoir ordonné quelques versets avant.

Nous ne réfuterons pas plus longtemps cette doctrine et nous nous en rapporterons à la conscience et à la raison de tout homme de bien ayant foi en Dieu et en sa justice, pour la mettre à néant. Il n'est pas d'ailleurs un homme de sens et de cœur, à notre époque, qui voulût se porter le défenseur d'une pareille doctrine ; et si, par impossible, elle n'était point encore déracinée entièrement de nos jours, le temps et la science suffiraient seuls pour l'anéantir un jour.

LVI.

Une autre opinion, plus spécieuse que les précédentes, a été émise en 1854 ; nous la devons à un des écrivains les plus distingués de notre époque, à Jean Reynaud.

Nous l'étudierons plus attentivement que toutes les autres parce qu'elle est, pour ainsi dire, l'écho du rationalisme moderne.

Voici cette doctrine :

« Il y a des philosophes, dit l'auteur, qui se sont imaginé que le mal était né sur la terre avec la clôture des champs. Mais il est évident qu'il est né le jour où un homme a dépouillé un autre homme du fruit que celui-ci avait eu le mérite de cueillir. Ce jour là, l'égoïsme, à la sollicitation de l'appétit brutal, étouffant la conscience, a mené l'homme en arrière, et à la honte de la nature relevé l'animal. Péché contre le prochain, contre soi-même, contre Dieu, tout a paru du même coup (*Ciel et terre*, 204.) »

LVII.

Eh quoi ! l'homme va perdre d'un coup son immortalité, il va être chassé du paradis terrestre, il va gagner son pain à la sueur de son front, la femme va enfanter avec douleur, la terre sera maudite ; les êtres vivants vont se dévorer les uns les autres en vertu d'une loi fatale de la conservation de l'espèce ; la douleur, les maladies, les fléaux physiques et moraux vont accabler la nature entière ; la mort va être la loi de la palingénésie universelle ; les volcans, la peste, le déluge, la guerre, ces endémies planétaires, vont frapper les hommes et les choses pendant cinq mille ans et plus, tout cela parce qu'un homme aura pris le champ de son voisin ou peut-être une pomme.

À coup sûr, si les plus petites causes peuvent produire les plus grands effets, voilà une interprétation qui doit satisfaire les plus exigeants ; quoique nous soyons causaliste plus que tout autre, cependant, nous ne poussons pas notre esprit de système aussi loin que cet auteur, surtout quand nous retrouvons dans l'histoire des religions et des cosmogonies, une cause beaucoup plus terrible, beaucoup plus concluante.

LVIII.

De deux choses l'une, ou il faut que M. Reynaud ne comprenne pas toutes les conséquences fatales qui découlent naturellement de la chute de l'homme et du péché originel, car alors il ne pourrait assigner une si petite origine à une si grande catastrophe ; ou bien, s'il admet comme nous une catastrophe universelle, il faut qu'il reconnaisse que la cause d'un pareil cataclysme est beaucoup plus grande que celle qu'il nous donne. Donc son interprétation est fausse.

LIX.

Elle n'est, d'ailleurs, basée ni sur la Bible, ni sur aucune religion de l'antiquité ; je lui défie de trouver dans toutes les théogonies un seul argument pour étayer ce système, qui est purement subjectif. Nous ne pouvons, d'ailleurs, comprendre qu'après avoir écrit ces mots que nous avons cités plus haut (des philosophes se sont imaginé que le mal était né sur la terre avec la clôture des champs), et après avoir prouvé le peu de valeur spécifique de cette doctrine, il vienne ensuite conclure que le « mal est né en ce monde le jour où un homme a dépouillé un autre homme du fruit que celui-ci avait eu le mérite de cueillir. »

LX.

Les deux interprétations se valent ; elles sont aussi peu sérieuses l'une que l'autre, je dirai même que la première a encore plus de poids que la seconde, car elle a en elle un caractère d'*universalité* qu'on ne trouve pas dans l'autre.

LXI.

Nous croyons avoir réfuté d'une manière rationnelle la doctrine du nihilisme, c'est-à-dire de ceux qui ne croient pas au péché originel, ni à la chute de l'homme, ni à l'histoire, ni à la tradition.

La doctrine judaïque et formaliste qui explique les mots par les mots, sans interprétation ni commentaire, sans vouloir soulever le voile qui enveloppe le mystère.

La doctrine de la génération, qui fait consister le fruit défendu dans la satisfaction des plaisirs charnels.

La doctrine rationnelle de Reynaud, qui veut que la chute de l'homme soit arrivée le jour où un homme en a dépouillé un autre.

Nous avons démontré que toutes ces doctrines n'avaient qu'un seul défaut, c'est qu'aucune n'était capable de dégager l'inconnu ; c'est qu'elles laissaient l'homme sans solution : ni sur son passé, ni sur son présent, ni sur son avenir ; c'est qu'elles n'expliquaient ni la cause réelle de la chute, ni ses conséquences funestes.

Pourquoi ? c'est qu'aucune ne comprenait ni la grandeur de la cause, ni la grandeur de l'effet.

LXII.

Comment pouvait-il en être autrement ? Ces philosophes n'avaient pas su chercher la vérité dans l'histoire des cosmogonies et des théogonies ; ces grandes révélations du passé, ces grands sphinx de l'avenir. Donc, la porte du sanctuaire est encore fermée aux yeux de tous ; la clef en est perdue, il s'agit de la retrouver.

LXIII.

Quant à nous, nous chercherons avec nos faibles lumières à donner aux hommes une solution capable de satisfaire aux exigences de la raison ; nous jetterons quelques jalons, nous ne ferons qu'indiquer la route ou plutôt nous aiderons les hommes de génie à la retrouver, persuadé d'avance que la voie, une fois tracée, les hommes d'une autre époque s'y aventureront à notre suite, comme étant la seule qui conduise à la vérité.

LXIV.

Les symboles et les mythes, les mystères, en un mot, étaient les formules essentielles sous lesquelles l'antiquité savait masquer la vérité. Voiles sacrés, tellement impénétrables aux yeux des profanes, qu'ils sont arrivés jusqu'à nous sans qu'une main ait été assez puissante pour les déchirer ; sources tellement profondes, tellement secrètes, qu'il eût fallu la verge de Moïse pour les faire jaillir.

LXV.

Pour arriver à dégager l'inconnu, nous procéderons à la manière de Cuvier, qui, de déduction en déduction, à l'inspection d'une dent, d'un os de fossile, parvenait à reconstituer l'animal tout entier et à nous raconter son histoire, cinq mille ans après sa disparition.

LXVI.

Nous chercherons donc successivement à déchirer les voiles mystiques et symboliques des religions de l'antiquité ; un peu du voile du brahmanisme, de la religion juive, du sabéisme, de la religion égyptienne, et nous chercherons à saisir à travers toutes ces éraillures quelques fragments de vérité, et avec tous ces fragments de l'idole sacrée, avec toutes ces fractions de vérité, nous parviendrons, par la synthèse, à reconstituer la vérité tout entière.

Car, sachons-le bien, elle est *là tout entière et rien que là*.

Cette synthèse, une fois achevée, vous comprendrez, comme nous, toute la grandeur et toutes les conséquences de la chute de l'homme ; vous comprendrez, comme nous, l'*éternel drame de la palingénésie universelle.*

LXVII.

Nous regrettons amèrement qu'un aussi vaste édifice soit reconstitué par une main aussi faible que la nôtre ; mais, ce qui nous donne un peu d'audace, c'est que la science, qui répand et qui formule, ne découvre jamais. Et que nous pourrions répondre à ceux qui viendraient nous reprocher notre incapacité pour traiter une pareille matière, cette belle parole que fit entendre un jour, Daguerre, à des savants qui lui parlaient des nombreux tâtonnements qu'il avait dû faire avant d'atteindre à son but :

« Si j'avais été plus savant, j'aurais moins tâtonné, mais je n'aurais pas eu l'idée. »

Que cette parole soit toujours votre acte d'espérance, pauvres déshérités de la science ! *La foi en soi, sachez-le bien, voilà la science des sciences, l'éternel excitateur d'où jaillit sans cesse l'étincelle.*

« Avec la foi, dit le Christ, vous transporterez des montagnes. »

LXVIII.

Le plan de l'édifice que nous allons chercher à reconstruire nous est purement personnel ; quant aux matériaux, nous les chercherons, tantôt dans l'ouvrage plein d'érudition de Creuzer, tantôt dans l'ouvrage dogmatique (*Ciel et Terre* de Reynaud), enfin dans les différentes théogonies et cosmogonies.

LXIX.

Sources de la religion universelle.

L'intuition et le sentiment, avec l'idée subjective de cause, sont les seules sources de toutes les religions. J.-J. Rousseau nous dit quelque part : « quand bien même vous viendriez à me prouver que Dieu n'existe pas, je n'en sentirais pas moins en moi qu'il existe, et rien ne pourrait détruire ce sentiment. » Lisez le Zend, ce livre sacré des Perses ; les Wégas, ce livre sacré des Hindous ; la Bible, et vous retrouverez partout l'homme découvrant Dieu par la seule puissance de l'inspiration, de l'intuition et du sentiment, et quand Dupuis et son école expliquent l'origine des religions par le cours des astres, le débordement du Nil, et les autres grands phénomènes de la nature, ils ne font que reculer la question et qu'expliquer tout au plus l'origine des cultes ; ils ne remarquent pas que cette idée de cause, d'où émane l'adoration, que ce sentiment, que cette intuition étaient latents dans le moi humain, et qu'ils ne se sont développés qu'à l'occasion des phénomènes naturels, semblables en cela à l'idée de temps et d'espace qui préexistent en nous aux manifestations extérieures qui les font développer ; ce qui prouve cette assertion, c'est que l'objet de l'adoration des hommes se modifie, se développe, s'agrandit à mesure que l'homme porte plus haut le flambeau de la raison. Au lieu du lotus, de l'ibis, du crocodile, ces dieux de son enfance, il adore l'intelligence suprême à laquelle le lotus, l'ibis, le crocodile et les mondes obéissent, ce qui avait été cause pour lui autrefois n'est plus qu'un pur effet qu'il méprise aujourd'hui. Cette intuition de la cause explique d'une manière rationnelle *la marche progressive des religions à travers le temps.*

LXX.

Donc, toute religion a sa racine profonde au cœur de l'homme et elle va sans cesse se modifiant, s'élevant à mesure que l'humanité avance en âge, c'est-à-dire en raison.

Après le fétichisme, le polythéisme, puis le paganisme, puis le christianisme.

LXXI.

Nous irons même plus loin, et nous dirons, que toutes les religions les plus anciennes et les plus savantes ont commencé par adorer une cause personnelle ; quel dieu plus personnel que celui qui dit : que la lumière soit et la lumière fut ; que les eaux qui sont sous le ciel se rassemblent en un seul lieu, et que l'élément aride paraisse.

D'un bout à l'autre de la Genèse, nous voyons le dieu d'Abraham parler, agir, créer, commander à l'Univers. La Genèse, cette longue conversation de Dieu avec l'homme, nous montre un Dieu ordonnateur et conservateur ; aussi ne voyons-nous nulle part les Hébreux porter leur adoration sur les phénomènes de la nature.

D'un bout à l'autre de la théogonie des Hindous, nous retrouverons partout l'adoration d'un dieu personnel, d'un dieu cause.

Brahma, cette première personne de la trimourti, ce révélateur des quatre livres de la loi divine, les Wedas, n'est-il pas un dieu personnel ?

Siva, cette seconde personne de la trimourti, cette seconde incarnation, dont le culte subsiste encore aujourd'hui, et ce maître de la foudre, cet arbitre de l'univers, ce phallus antique, symbole de l'éternelle génération, n'est-ce pas là un dieu personnel ?

Wichnou, cette troisième personne de la trimourti, ce médiateur qui va sans cesse se dévouant pour le salut des créatures et répare les atteintes dont une cause destructive mine incessamment l'univers, n'est-ce pas un dieu personnel ?

Nous prouverions de même, que la religion des Mages, que celle des Égyptiens, avaient également leur source dans l'inspiration, l'intuition, l'idée de cause ; que ces religions n'adoraient que des dieux personnels : Ormutz, comme cause de tout bien ; Ahrimann, comme cause de tout mal. Qu'en Égypte, Isis, Osiris sont les principes du bien ; Typhon le principe du mal, et que dès lors le Nil, le Lotus, le Soleil, n'étaient plus adorés pour eux-mêmes, mais comme *manifestation, agents missionnaires* du bon génie d'Osiris.

LXXII.

Nous avons été heureux, du reste, de nous rencontrer sur un sujet aussi important avec l'éminent M. Creuzer, quand il nous dit :

« Ce sont, selon nous, plutôt les grandes intuitions physiques, morales, intellectuelles, qui sont les sources des explications des religions, plutôt que les conditions purement topographiques, agraires, astronomiques ; la racine est située beaucoup plus profondément, elle est dans l'âme humaine. »

Nous regrettons toutefois, le laconisme de ce langage, qui affirme sans rien prouver. Nous ne comprenons pas que M. Creuzer, dans un ouvrage en six volumes, n'ait trouvé que ces quelques lignes noyées au milieu d'une érudition immense, pour nous expliquer un si grand phénomène. Il semble que la solution qu'il donne eût dû être le nœud vital de la question, la clef de voûte de l'édifice, la conclusion des prémisses savantes posées par l'auteur ; mais, de la manière dont elle est jetée au milieu du récit, elle ressemble à ces parasites qui poussent sur certains arbres par le pur effet du hasard, sans raison d'être, et sans que l'arbre paraisse en avoir conscience.

LXXIII.

Si nous sommes parvenu à vous démontrer que l'âme humaine, comme le dit M. Creuzer, a su découvrir Dieu par la seule force du sentiment et de l'intuition, nous allons la voir aussi découvrant par la seule force de ces facultés, la cause de la catastrophe de l'homme et de la nature. Ce sera dans leur généralité et leur universalité, toujours les mêmes et ne variant que sous des formes symboliques différentes, que nous étudierons les différents mythes sur le péché originel et sur la chute de l'homme. Nous trouverons ces mythes partout les mêmes dans toutes les religions.

RÉVOLTE ET CHUTE DES ANGES.

son identité avec la

RÉVOLTE ET CHUTE DE L'HOMME.

LXXIV.

Donc, l'homme ayant conçu Dieu par la seule force de l'intuition, conçut aussi en même temps des êtres immatériels ; êtres supérieurs, messagers des dieux, revêtus d'une souveraine puissance, jouissant de la plénitude de leur liberté, arbitres de leur destinée et faits à l'image de Dieu. Le génie humain supposa qu'un jour ces intelligences supérieures, poussées par l'orgueil, égarées par leur puissance, *se révoltèrent contre Dieu lui-même ;* mais l'Éternel irrité de tant d'audace, les précipita dans l'abîme et les dépouilla de leur immortalité.

Cette étonnante intuition, nous la retrouvons dans toutes les religions de l'antiquité : Hésiode nous en fait une description magnifique dans les quatre âges.

La Médie croyait aux anges ; les Naskas les décrivent d'une manière splendide ; ils sont appelés Férouers dans le Veadidal.

Les traditions du Brahmanisme, nous parlent d'une révolte des *esprits*, ou *anges*, aveuglés comme Brahma par *l'orgueil*, et comme lui précipités dans l'abîme ; quoiqu'il en soit de cette tradition, elle peut expliquer le vrai caractère de la morale chez les Hindous : l'*orgueil est la cause du mal.*

Le concile de Latran admet les anges, quand il dit : « *Utram que de nihilo condidit angelicam videlicet et mundanam.* »

Le second concile de Nicée s'en occupe. Les Pères de l'Église et les Scolastiques, croient que les anges sont absolument incorporels. Telle est l'histoire biblique du diable et des anges ; jusqu'à la fin, ils calomnieront, ils tenteront, et leurs séductions redoubleront aux derniers temps (I *Chronique* xxi, I *Rois* xxii.)

Enfin, Satan délié une dernière fois à la fin du règne du Christ, soulèvera la masse des incrédules contre lui et contre son peuple ; le triomphe suprême du Seigneur sera suivi du jugement universel qui tombera d'abord sur le grand ennemi. Ce n'est qu'alors que Satan disparaîtra pour toujours, en même temps que notre terre et nos cieux feront place à d'autres cieux et à la nouvelle terre, où la justice habite (*Apocalypse*, xxii), la seconde venue de Jésus-Christ et le commencement de son règne terrestre seront marqués par l'enchaînement de Satan lié pour mille ans (*Apocal.* xx, 1-2).

L'Écriture nous laisse entrevoir l'époque où les anges, doués comme nous de libre arbitre, se sont partagés entre l'obéissance et la révolte où ils sont tombés volontairement (*Ephésiens*, 1, 2 ; *Colossiens*, 1, 16). Immédiatement après la chute, la sentence de Satan et de ses compagnons fut prononcée ; c'est sous les liens éternels de ce jugement, des liens d'obscurité, dit l'Écriture, qu'ils sont gardés depuis lors pour le jugement de la grande journée (II, *Pierre*).

LXXV.

« Quoi de plus retentissant, écrit Reynaud, dans son livre intitulé *Ciel et Terre*, quoi de plus retentissant dans l'histoire des anges que le récit de la chute, et quoi de plus contradictoire en même temps au prétendu principe de l'immutabilité de leur nature. D'après la tradition à laquelle vous faites profession d'adhérer, et qui est pour nous le fondement de la théorie du mal. Il a existé un temps durant lequel les êtres supérieurs ont vécu dans une condition morale tout à fait analogue à la nôtre ; durant laquelle, soumis comme nous à la tentation, les uns ont succombé, tandis que les autres ont mérité, par leur persévérance, de parvenir à une condition plus élevée, qui se distingue précisément de la première par l'espérance de ne plus déchoir. Ainsi, dans cette histoire, telle qu'elle est finalement formulée, deux périodes distinctes : dans la première, l'idée de Dieu est encore assez confuse dans les entendements, pour que le goût du péché puisse en balancer l'effet ; dans la seconde, cette idée, par suite de la défaite des mauvaises tendances, se revêt d'une splendeur souveraine, la grâce augmente et la créature n'a plus d'inclination que pour le bien. Telle est la leçon éclatante qui ressort de l'épopée de Satan, et cette leçon revient évidemment à dire : que l'histoire des anges est *au fond la même que l'histoire de l'homme* (1, 350). »

LXXVI.

Voilà qui est catégorique ; l'*histoire des anges est au fond la même que l'histoire de l'homme*, selon M. Reynaud, nous admettons complètement cette identité de l'*homme* et des *anges*, mais nous repoussons complètement sa théorie sur la chute de l'homme et des anges ; car nous la trouvons tout à fait en contradiction avec la *cause* que lui assigne la Bible, et avec celle que lui assignent les Naskas et le Wendidal. Toutes ces religions nous disent en effet *que la cause de la chute des anges provient de leur orgueil, d'avoir voulu lutter contre Dieu lui-même, de s'être révolté contre lui.*

Ces traditions seules expliquent le vrai caractère de la morale chez tous les peuples de l'antiquité : l'*orgueil est la cause du mal.*

De tout ce qui précède nous conclurons, quant à nous, qu'avant l'époque historique, l'homme arriva, par la seule force de son génie, à une puissance telle, *qu'il crut pouvoir étreindre les énergies de la nature et lutter corps à corps avec la fatalité elle-même,*

Vaine illusion !

Le monde des forces brutales, ébranlé par ce nouveau Samson, s'écroula bêtement, fatalement, sur lui et l'écrasa sous ses ruines ; et c'est ainsi que l'homme perdit un jour, par son audace et par son orgueil, l'empire qu'il exerçait autrefois sur la nature. Voilà tout le sens rationnel du mythe de la révolte et de la chute des anges.

Nous retrouverons aussi dans toutes les religions de l'antiquité, l'intuition de la *révolte de l'homme contre Dieu, la conception de sa chute, celle du péché originel, de l'arbre de la science du fruit défendu.* Nous emprunterons une grande partie de nos documents à M. Creuzer.

« Le hom, ou verbe des Perses, est présenté, dans le Zenda Vesta, tout à la fois comme le maître de la parole de vie, comme l'*arbre de vie lui-même.*

« Les Hindous avaient également leur arbre de vie ; il en est de même des Juifs, où l'arbre de la science joue un si grand rôle. »

On le voit donc, dans la Perse, dans l'Inde, chez les Juifs, partout le même mythe, partout l'*arbre de la science* (retenez bien ceci).

« Brahma, après avoir passé cent ans dans la contemplation de l'essence des êtres, créa des êtres animés qui furent d'abord de purs esprits, puis il créa l'homme et la femme et, les bénissant, il leur dit : croissez et multipliez. Mais le premier homme poursuivant sa propre fille, qui cherchait à s'y dérober, à chaque mouvement qu'elle faisait pour échapper aux regards de l'homme, celui-ci prenait une nouvelle tête, lorsqu'il en eut quatre, ne sachant plus où se réfugier, elle s'envola dans les cieux. Mais Wichnou et Siva, chargés par l'Éternel, de la distribution de l'univers, s'aperçurent bientôt de son infidélité, car ils avaient fixé les résidences des dieux ; irrités, ils se plaignirent de son larcin à Dieu, à l'instant, le Tout-Puissant, irrité d'un tel excès d'orgueil, le frappa ; en effet, tant d'orgueil devait attirer sur l'homme la vengeance du Très-Haut et il fut précipité du haut des cieux dans le fond de l'abîme. Longtemps étourdi de cette effroyable chute, quand le Dieu homme fut revenu à lui, il scruta sa conscience, s'humilia sous la main qui l'avait frappé ; à la fin l'Éternel voulut bien lui apparaître et lui demander s'il ne savait pas qu'un de ses noms était *le vengeur de l'orgueil ;* c'est, ajoute le Très-Haut, *le seul crime que je ne pardonne pas* » (retenez bien ces derniers mots, ils sont toute l'histoire de l'homme).

LXXVII.

Quel rapprochement extraordinaire entre cette religion des Hindous et la religion Juive : nous y voyons Brahma comme Jéhova, créant d'abord des anges, puis l'homme, et cet homme poursuivant sa fille ou les secrets de la nature, contre la volonté de Dieu. Celle-ci, cherche à lui échapper, mais l'homme toujours plus ingénieux parvient à la saisir partout où elle se cache. N'est-ce pas l'image de l'humanité poursuivant sa conquête sur la nature, à travers tous les éléments, déchirant tous les voiles de l'harmonie universelle ; et cette colère de Wichnou et de Siva, ces principes de l'eau et du feu, cette colère, dis-je, contre l'homme qui s'est emparé de leurs résidences, se plaignant de son larcin à Brahma, n'est-ce pas la nature revendiquant contre l'homme les conquêtes qu'il fait sans cesse sur elle ; et ce Brahma irrité de tant d'excès d'orgueil, le précipitant dans l'abîme en lui disant : que son nom était le *vengeur de l'orgueil*, et en ajoutant que *c'était le seul crime qu'il ne pardonnait pas*. N'est-ce pas là cette punition du *péché d'orgueil* que nous retrouvons *dans toutes les religions et surtout dans la Genèse ?* N'est-ce pas, en un mot, le péché originel et la chute de l'homme racontés par les Wédas comme il l'est par la Genèse elle-même ? N'est-ce pas là encore l'histoire de Prométhée précipité dans l'abîme pour avoir ravi *orgueilleusement* le feu du ciel.

Nous retrouvons donc là, comme nous l'avons trouvé lors de la chute des anges, *l'orgueil de la puissance, être la cause de la révolte et de la chute de l'homme.*

C'est là tout le sens.

LXXVIII.

Dans la religion persane, nous retrouverons aussi le mythe de la chute de l'homme raconté de la même manière.

« Ischemschid, dit Creuzer, est le héros des traditions et des chants populaires chez les Perses, comme Salomon chez les Hébreux ; il bâtit Estakhar, la ville creusée dans le roc, appelée encore le trône des Ischemschid. On dit qu'en creusant les fondements de cette fameuse cité, il y trouva le vase merveilleux nommé Ischam, rempli du breuvage le plus précieux et qui est à la fois, le miroir du monde, le miroir magique et la coupe du salut. Il scruta ensuite les propriétés des plantes, *les mystères de la chimie, de la nature* ; mais bientôt, *l'orgueil s'empara de son cœur, il voulut se faire dieu*, ce fut pour son peuple et pour lui une source de malheurs. Zohak, instrument de la justice divine, venu de l'ouest, changea l'éclat dont brillait l'Iran, en une longue et affreuse nuit ; car son usurpation ne dura pas moins de mille ans, p. 312. »

Ceci ne nous rappelle-t-il pas l'enchaînement de Satan lié pour mille ans (*Apocalypse*, xx).

Ce héros, cet espèce de Salomon qui découvre le vase mystérieux, qui renferme le miroir du monde, c'est-à-dire, la science qui scrute les trésors cachés de la nature, découvre les propriétés des plantes et les *mystères de la chimie ; qui veut ensuite se faire dieu, et dont l'orgueil amena la chute*. N'est-ce pas là toujours l'histoire de l'humanité, sondant les trésors de la nature, s'en emparant, puis ensuite, devenant victime de *sa science et de son orgueil* ?

« Le Verbe ou Ormutz naquit de la semence de l'Éternel, il est nommé le premier des êtres, la raison de tout. Ormutz fut opposé à Ahrimann, la source et le principe de toute impureté, de tout vice ; sa chute ne vient point de l'Éternel mais *de lui-même ;* et par lui furent engendrées les ténèbres. La mort a été introduite dans le monde par Ahrimann, à cause *du péché du premier homme.*(328) »

Quel est ce péché, si ce n'est celui de Prométhée, de Brahma, d'Adam, punis pour avoir dérobé les secrets de Dieu, de la nature, punis en un mot pour leur orgueil.

LXXIX.

Nous trouvons d'autre part les fils de Zagara pénétrant dans les entrailles de la terre, attaquant Wichnou, la troisième personne de la trinité des Hindous, qui s'y tient cachée dans ses profondeurs ; mais le dieu enflammé respire sur eux son souffle terrible, et les enfants de Zagara sont réduits en poudre.

C'est l'image de l'homme sondant *les profondeurs des lois de la matière et trouvant la mort dans ses recherches audacieuses.*

« Siva, qui comme l'on sait était le principe du feu, s'incarnait pour venger la divinité, il purifie l'homme en le punissant, il abat *son orgueil quand il le voit arrivé à sa dernière puissance.* »

LXXX.

« Meschia et Meschiam sont selon les Indiens, les ancêtres de la race humaine : tous deux au commencement étaient pleins d'innocence et créés pour le ciel. Mais ils se laissèrent séduire par Ahrimann, le principe du mal ; ils goûtèrent le lait d'une chèvre et se firent du mal, alors Ahrimann encouragé par ce premier succès leur présenta *des fruits*, ils en mangèrent et ils perdirent cent béatitudes. »

N'est-ce pas là le mythe du fruit défendu ?

Ahrimann Typhon, le démon, en un mot, le principe du mal dans toutes religions, est représenté par un serpent, ce tentateur universel, celui qui souffle l'orgueil.

LXXXI.

« La terre pourvue de tous les végétaux fut donnée aux hommes ; mais les âmes tombées continuèrent leur *coupable révolte*, elles semèrent partout sur la terre le désordre ; les éléments souillés élevèrent leurs plaintes jusqu'au ciel. »

C'est encore l'histoire de la révolte de l'homme contre Dieu et de ses tentatives audacieuses.

« Dans Crita-Youga, la justice commence par régner sur la terre ; mais par *l'acquisition de la science l'homme dégénère.* »

Quoi de plus concluant que ces lignes, elles renferment toute notre théorie sur le péché originel.

LXXXII.

« Dans le latium, c'est au règne de Saturne qu'était l'âge d'or, puis l'homme dégénère. Cette doctrine décourageante embrasse le paganisme tout entier, elle naît avec lui. Les éminents philosophes, Platon lui-même, se courbent devant elle.

« Les mêmes idées ont lieu dans le Mazdéïme et avec un caractère théologique bien supérieur. Dans la première période le principe du bien, règne seul : c'est l'âge de l'Éden, et la terre finit par appartenir à Ahrimann. »

« Jusque dans le Décathir on trouve la même idée, le principe de la déchéance apparait aussi dans la religion juive ou l'Éden figure l'âge d'or ; mais bientôt l'homme dégénère en vertu de sa propre liberté, c'est bien toujours comme dans l'Asie l'*affreux serpent* qui est la cause du mal. »

Tertulien nous parle aussi du péché originel et de sa transmission du père au fils.

Selon Origène, toutes les âmes auraient été primitivement des substances spirituelles, lumineuses, mais déchues par *leurs fautes*.

Par *leurs fautes*, telle est toujours la cause de la vengeance céleste, et cette faute, c'est toujours *l'orgueil de la puissance*.

LXXXIII.

Toutes les religions parlent de la chute de l'homme, Hésiode nous en fait un tableau magnifique dans les quatre âges.

On sait qu'Hésiode est le grand théologien de toute l'antiquité mystique, il est le miroir dans lequel viennent se refléter toutes les connaissances religieuses de son époque.

Avant de raconter en détail cette lutte dernière et solennelle d'où dépend le destin du monde, le poète s'interrompt encore.

« .... Il lui reste à nous montrer la famille de Japet et de Clymène, couple titanique plus ancien que celui de Cronos et de Rhée, les représentants de la race humaine. Japet eut de Clymène, fille de l'Océan, quatre fils : Atlas, Prométhée, Ménéthuis et Épiméthée ; leurs diverses fortunes furent toutes également malheureuses. Atlas, celui qui supporte et qui souffre avec courage, relégué aux extrémités occidentales de la terre, près des Hespérides ; fut condamné à soutenir le ciel de sa tête et de ses bras. L'*orgueilleux* Ménéthuis, victime de son audace, fut précipité dans le séjour des ténèbres par la foudre du grand Jupiter ; la femme créée par ce Dieu, et que l'imprudent Épiméthée accueillit le premier, devint pour lui et pour tous les hommes la source de mille maux.

« Prométhée enfin, le *prudent, le prévoyant, l'habile par excellence, osa entrer en lutte contre le maître des dieux*, par une suite de ruses toutes dans l'intérêt de l'espèce humaine, et il en fut cruellement puni. Fixé à une colonne par des chaînes terribles et le foie incessamment dévoré par un aigle, il ne fallut rien moins qu'Hercule, ce héros sauveur, pour le délivrer de son double supplice ; ce sont là évidemment les quatre grands *types moraux de l'humanité, dont Prométhée est le génie même ; il lutte contre Jupiter au sujet des hommes, il leur rend le feu qui leur avait été retiré par ce dieu ; c'est la liberté réfractaire de l'esprit humain, se développant en dépit des obstacles que lui oppose la nécessité extérieure ;* le principe de l'ordre éternel, mais celui-ci doit l'emporter ; car, à côté de l'intelligence et de la force se trouvent la passion, la faiblesse. Épiméthée est frère de Prométhée, les destinées de l'humanité s'accomplissent, donc elle est soumise à la loi du travail qui est la loi de son progrès ; *Prométhée est enchaîné*, d'ineffables douleurs lui déchirent le sein, il lui faut pour s'affranchir le concours d'une volonté héroïque, il lui faut accepter cette loi inexorable qui a mis la gloire au prix du travail et de la peine ; il se réconcilie avec Jupiter par la médiation d'Hercule, son libérateur. Cronos avait été dompté comme Prométhée, les Titans ne l'étaient pas.

« Depuis dix années entières, les dieux titans, les anciens dieux et les dieux nouveaux, issus de Cronos, se livraient une guerre terrible pour l'empire du monde. Jupiter et Cronos furent obligés d'appeler à leur secours

Biarrée et Cottos et Gygès, ces redoutables enfants d'Uranos, aux cent bras. Le combat recommença avec plus d'ardeur par le concours de ces redoutables auxiliaires ; une lutte épouvantable s'engage *où tous les éléments sont compromis, où la mer mugit, où le ciel et la terre sont embrasés ;* dans cette mêlée divine, *Jupiter lance incessamment la foudre et la terre s'embrase, les forêts pétillent, l'Océan bouillonne, l'incendie gagne jusqu'au chaos, enfin les Titans foudroyés sont précipités dans le Tartare et chargés de chaînes.*

LXXXIV.

Voici l'explication du savant Creuzer de cette fiction d'Hésiode, elle vous paraîtra j'en suis sûr tout aussi alambiquée et inintelligible que celle qu'il donnait plus haut sur la chute des anges.

Il s'agit de savoir, dit l'auteur, *si ce monde tombé par Cronos, de l'espace dans le temps, s'ordonnera par Jupiter dans les limites de l'année, s'il passera définitivement de l'infini temps ou espace qui menaçait de le replonger dans le chaos primitif, au règne du fini, qui l'organise dans l'étendue et la durée à la fois.*

LXXXVII.

Voilà qui est bien abstrait, bien subtil en vérité, et qui est, selon nous, bien loin de la vérité, de la réalité, du sens même qui découle de l'épopée d'Hésiode.

Il ne s'agit nullement, selon nous, de la transfiguration du monde abstrait, ou monde concret harmonique, comme cherche à l'insinuer le savant Creuzer. Hésiode, ce grand inspiré théologien, ce grand condensateur de toutes les émanations religieuses et symboliques de son époque, les synthétise dans l'épopée de Prométhée et des Titans *luttant* contre la divinité, et finissant par succomber victimes de leur audace.

Rien de plus, rien de moins.

LXXXVI.

Ce Prométhée qui dérobe orgueilleusement le feu du ciel, cet habile, ce génie, cet inspiré est comme Adam, une première figure de l'humanité arrivée par la force de la science, à la connaissance de l'essence des choses ; il dérobe le feu du ciel, ce fruit défendu, ce fluide électrique, ce fluide magnétique, ou *tout autre* fluide impondérable que l'homme pourra découvrir un jour, et Dieu le punit en l'enchaînant sur le Caucase cette terre maudite où il va lutter éternellement contre la nécessité, cet aigle qui lui mange le foie. Mais sa force, personnifiée par Hercule, et son adresse et son génie parviennent un jour à briser ses chaînes et à lui rendre la liberté. Que va-t-il en faire ? il va se liguer de nouveau contre les dieux et il appellera à son aide les Titans, c'est-à-dire les forces de la nature dont il parvient à se rendre maître ; il entassera Pélion sur Ossa ; mais Jupiter irrité de tant d'audace lancera ses foudres, embrasera le monde et chargera Prométhée et les Titans de chaînes et les précipitera dans le Tartare à des profondeurs immenses. Jusqu'au jour où les forces revenant à Prométhée avec la science et le génie, il luttera de nouveau avec Dieu, c'est-à-dire avec l'univers.

C'est, en un mot, l'histoire de la palingénésie universelle, l'histoire de la lutte de l'homme contre la fatalité ; *c'est la lutte du génie contre les forces brutales de la nature ; lutte terrible, atroce, cercle fatal où l'homme est enfermé et dans lequel son génie créateur finit toujours par succomber.*

LXXXVII.

Quand on voit aujourd'hui les progrès des sciences, comme j'ai cherché à l'esquisser dans le livre précédent, quand on comprend comme nous, la diffusion des lumières, cet élément d'une puissance incalculable, ce levier avec lequel on pourra soulever le monde, l'on sent alors que la *révolte de Prométhée est proche et que son supplice l'est aussi.*

LXXXVIII.

Quant à la bible, ce profond soupir d'un monde qui n'est plus, arrivée jusqu'à nous à travers 5 000 ans ; cette encyclopédie du passé, cette énigme de l'avenir qui raconte l'homme et la création depuis son apparition jusqu'à la fin du monde, prédite par ses prophètes, elle va aussi nous raconter la grande catastrophe de l'homme et de la nature comme conséquence du *péché originel :* nous y verrons Adam jouissant de toutes les béatitudes, manger du fruit de l'arbre de *science* (retenez bien ce mot, car il est tout) et comme Prométhée après avoir dérobé le feu du ciel, ou comme Brahma, après s'être emparé des lois de la création, perdre d'un coup toutes ses libertés, toutes ses puissances, pour ce péché d'*orgueil,* pour s'être *révolté contre Dieu.* Le serpent, ce tentateur universel, ce symbole d'*orgueil et de génie,* sera, toujours comme dans les autres religions la cause de la chute de l'homme et nous verrons que dans ce mythe comme dans les autres religions, ce sera toujours l'exagération de ses propres forces qui perdra Adam.

LXXXIX.

Mais laissons parler la Bible.

Ch. I. — V. 27. Dieu créa l'homme et la femme à son image, il les plaça dans le paradis terrestre.

Ch. I. — V. 28. Puis il les bénit et il leur dit : croissez et multipliez.

Ch. II — V. 9. Or, le Seigneur avait produit de la terre toutes sortes d'arbres beaux à la vue et dont le fruit était agréable au goût, et l'arbre de vie au milieu du paradis, *avec l'arbre de la science du bien et du mal.*

Ch. II. — 16. 17. Il leur dit : mangez de tous les fruits des arbres du paradis mais ne *mangez pas du fruit de l'arbre de la science, car si vous en mangez vous mourrez.*

Chap. III. — V. 1. Or, le serpent était le plus fin de tous les animaux que Dieu avait formés sur la terre, et il dit à la femme : pourquoi Dieu vous a-t-il commandé de ne pas manger du fruit de tous les arbres du Paradis.

2. La femme lui répondit : nous mangeons du fruit des arbres qui sont dans le Paradis.

3. Mais, pour ce qui est du fruit *de l'arbre qui est au* milieu du Paradis, Dieu nous a commandé de ne pas en manger, de ne point y toucher, de peur *que nous ne fussions en danger de mourir.*

4. Le serpent répartit à la femme : assurément, vous ne mourrez pas.

5. Mais, c'est que Dieu sait qu'aussitôt que vous aurez mangé de ce fruit, *vos yeux seront ouverts et vous serez comme des dieux, connaissant le bien et le mal.*

6. La femme considéra donc que le fruit de cet arbre était bon à manger, qu'il était beau et agréable à la vue, et, en ayant pris, elle en mangea et en donna à son mari, qui en mangea aussi.

7. En même temps leurs yeux furent ouverts à tous deux ; ils reconnurent qu'ils étaient nus et se cachèrent.

8. Et comme ils eurent entendu la voix du Seigneur, lorsque le vent s'élève, ils se retirèrent au milieu des arbres pour se cacher devant sa face.

9. Alors le Seigneur appela Adam et lui dit : Où étiez-vous ?

10. Adam lui dit : j'ai entendu votre voix dans le Paradis, après midi, et j'ai eu peur, parce que j'étais nu et je me suis caché.

11. Le Seigneur lui répartit : Et d'où avez-vous su que vous étiez nu, sinon de ce que vous avez mangé du fruit de l'arbre dont je vous avais défendu de manger.

17. Il dit ensuite à Adam : parce que vous avez écouté la voix de la femme et que vous avez mangé du fruit de l'arbre que je vous avais défendu de manger : *la terre sera maudite à cause de ce que vous avez fait.*

18. *Elle vous produira les épines et les ronces*, et vous vous nourrirez de l'herbe de la terre.

19. *Vous mangerez votre pain à la sueur de votre front.*

XC.

Cette grande légende, cette grande voix symbolique n'est-elle pas, sous des formes différentes, la même que celle des Wédas de l'Inde, des Zend des Perses, que celle de Prométhée d'Hésiode, les personnages et les mots sont seulement changés, mais l'idée du drame reste la même. Nous reconnaissons dans cette grande figure d'Adam une *humanité qui n'est plus ; dans l'Éden, une civilisation transfigurée. Dans le serpent, cette tentation insatiable, orgueilleuse qu'a l'homme de tout connaître, tout approfondir ; dans l'arbre de la science, cette acquisition immense de connaissances, cette science infinie qui porte en elle ce fruit fatal qui doit un jour perdre le monde, comme la conquête du feu céleste perdit autrefois Prométhée.*

XCI.

Quand les hommes auront cherché la vérité à travers les symboles et les mythes du passé, quand ils auront déchiré successivement les voiles épais qui recouvrent le mystère, ils reconnaîtront que sous ces symboles différents, la vérité reste toujours la même.

Nous la formulerons ainsi :

L'orgueil de la science, ce vieux péché du monde, qui a été un jour la cause de la chute de l'homme dans le passé, sera encore la cause de sa chute dans l'avenir.

XCII.

C'est là toute l'histoire d'Adam, c'est là toute l'histoire de Prométhée, toute l'histoire de Brahma, quand, s'étant emparé de toutes les forces de la nature et de tous ses secrets, Dieu lui dit en le frappant de sa colère : mon nom est le vengeur de l'orgueil, sache-le bien ! *L'orgueil est le seul crime que je ne pardonne pas*, c'est aussi la seule explication de ce verset de la Bible : Mangez de tous les fruits du Paradis, mais ne *mangez pas du fruit de l'arbre de la science, car si vous en mangez, vous mourrez*. Quoi de plus de concluant que ces mots : *arbre de la science*.

Ne venez donc plus nous dire que la catastrophe du monde fût le résultat des premiers *embrassements de l'homme et de la femme*, car cette explication n'a de racine dans aucune religion, puisque toute l'antiquité adorait le Phallus et le Lothus comme symboles de la génération ; car le dieu de la Genèse, qui dit à l'homme et à la femme : *croissez et multipliez*, qui veut, par conséquent, la fécondation dans la création, ne peut ensuite la maudire dans son acte, *sans se contredire*.

Ne venez donc plus nous assigner pour cause de cette grande catastrophe, la *clôture des champs, ni la prise de possession d'un fruit que nous n'avons pas cueilli*.

Car nulle part, dans la Bible, ni dans les religions de Perse, d'Égypte, de l'Inde, vous ne trouverez un seul argument pour étayer votre hypothèse.

XCIII.

Reconnaissez-le donc, la seule solution, la seule vraie, la seule rationnelle, celle qui jaillit naturellement de toutes les religions de l'antiquité, celle qui explique d'un coup tous ses mystères, tous ses symboles, est celle que nous avons formulée ainsi :

L'orgueil de la science, ce vieux péché du monde, qui a été un jour la cause de la chute de l'homme dans le passé, sera encore cause de sa chute dans l'avenir.

Elle seule explique le passé, le présent ; elle va encore nous servir à expliquer l'avenir.

Nous chercherons donc à vous démontrer dans ce dernier livre que la Babel de la civilisation à venir, en voulant s'élever trop haut, s'écroulera fatalement un jour sur l'homme, comme sa sœur ainée la Babel mystique, et *comme doit s'écrouler fatalement dans la nature tout ce qui dépasse les limites de l'équilibre universel.*

Car, sachez-le bien, *ce qui a été sera.* — Le passé n'est que le miroir de l'avenir.

Livre III

L'avenir

La fin du monde organique. — Rôle du serpent.

LA FIN DU MONDE ANNONCÉE PAR TOUTE L'ANTIQUITÉ.

Rôle du serpent.

XCIV.

Nous avons suivi la marche de l'homme à travers le temps, nous l'avons étudié d'abord dans le présent, et nous avons assisté à ses grandes découvertes, à cet entassement immense de connaissances, qu'un encyclopédiste seul pourrait décrire ; nous avons cherché surtout à faire comprendre tout ce qui devait ressortir un jour de la *diffusion des lumières*, cette puissance incalculable, d'où jailliront un jour toutes les forces vives de la civilisation.

Nous avons ensuite étudié la marche de l'humanité dans le passé et nous avons trouvé que le dogme du péché originel était la base angulaire de toutes les religions, et nous avons donné une seule et même formule pour expliquer tous leurs symboles et tous leurs mythes.

Nous allons étudier maintenant la marche de l'humanité dans l'avenir, et ce sera encore à travers les symboles vagues, obscurs, énigmatiques de l'antiquité, que nous allons chercher à prouver cette grande idée d'une *catastrophe universelle*, que toutes les religions ont prévue, que toutes les religions ont prédite ; catastrophe immense, qui doit arriver par *le fait de l'homme seul*.

XCV.

« Le brahamisme nous parle de trois incarnations, de trois époques. La première, celle de Brahma, qui subsiste 1 000 ans ; alors parut la seconde incarnation ou Siva, puis celle de Wichnou ; mais ces diverses incarnations se sont renouvelées *chacune des milliers de fois.* »

De là, nous tirons cette conséquence que les Hindous croyaient que les cataclysmes s'étaient renouvelés des milliers de fois.

« Brahma, c'est l'homme-dieu, l'homme-nature, l'homme réel ; *Dieu tombé*, attaché à la terre et destiné à parcourir le cercle nécessaire des régénérations.

« Aussi l'histoire de Brahma, c'est l'histoire du monde et de ses révolutions, c'est en même temps *l'histoire de l'homme et de sa chute*, et de ses longues erreurs ; toute la morale des Hindous vient se réfléchir en lui comme dans un miroir fidèle.

L'histoire de Brahma est donc l'histoire des différentes révolutions de l'humanité à travers le temps, et par conséquent l'histoire des différentes *catastrophes* de la planète.

La fin du monde ressort donc de ce qui précède, nous allons la voir annoncée maintenant d'une manière éclatante.

XCVI.

« Wichnou, à sa dixième incarnation paraîtra monté sur un coursier d'une blancheur éclatante avec un glaive resplendissant à l'égal d'une comète, pour mettre fin *aux crimes de la terre* ; quelques-uns disent qu'il sera lui-même ce coursier, ayant un pied levé pour la vengeance ; sitôt qu'il l'appesantira sur le globe, les méchants seront *précipités dans l'abîme, et la terre s'en ira en poudre*. On le voit encore avec la forme humaine et une tête de cheval, armé d'un glaive et d'un bouclier. C'est l'alliance de Wichnou et de Siva ; et quand viendra Calki, le destructeur, *un vent de feu, ou selon d'autres le serpent Sécha vomissant des torrents de flammes, consumera tous les mondes et détruira toutes les créatures*. Mais, ajoute-t-on, au milieu de cet embrasement général, les semences des choses seront recueillies dans le Lotus, alors recommencera une nouvelle création, alors s'ouvrira un nouvel âge de pureté. Rien ne peut-être absolument anéanti, la substance demeure dans les variations perpétuelles des formes. »

Où peut-on voir une description plus saisissante de la *fin du monde et de ses différentes palingénésies* ; nous la retrouverons partout la même dans *toute l'antiquité*.

XCVII.

« Les stoïciens croyaient aussi à la destruction du monde par *le feu*, il y a une étonnante analogie entre les idées de cette école et la croyance des Sivaïstes sur la consommation finale des choses. »

Toute l'antiquité philosophique et religieuse crut donc à la destruction du monde organique par le *feu*, qu'on ne l'oublie pas !

« Après Brahma et Wichnou, il ne reste plus que Siva, semblable à une flamme qui danse sur le monde réduit en *cendres*.

« À mesure que le monde et les hommes s'avancent dans la carrière du temps, ils s'éloignent de leur principe ; ils dégénèrent dans l'empire de la mort et du péché, les formes se développent, la création s'étend, grandit et se perfectionne en apparence ; vaine illusion ! le mal aussi grandit et se déploie, le monde marche incessamment vers la ruine ; la vie s'épuise, la substance défaille peu à peu ; alors les incarnations seules suivent des progressions constantes de beauté et de grandeur. Wichnou est ce médiateur qui se dévoue pour le salut des créatures et répare incessamment les atteintes dont une cause destructive mine incessamment l'univers. »

Nous repoussons complètement l'explication que nous donne cet auteur sur la fin des choses, quand il nous dit : la vie s'épuise, la substance défaille.

Non, la vie ne s'*épuise* pas ; non, la substance ne *défaille* pas, au contraire, la vie humaine exalte ses puissances et sollicite toutes les énergies de la nature jusqu'à la faire éclater, semblable à un homme qui chargerait outre mesure une batterie électrique et qui la ferait voler en éclats.

XCVIII.

« Les Égyptiens dans leur mythologie reconnaissaient des périodes ou cycles de 1 400 ans et même plus considérables qui devaient être terminés par des *révolutions générales* dans la nature tous les 3 000 ans, disait la tradition, à l'équinoxe du printemps, quand la sécheresse exerce son empire. Quand on attend la corne de salut et d'abondance, au lieu de l'inondation du Nil survient un *déluge de feu*, le monde entier est la proie des flammes, et la terre sacrée d'Hermès, s'évanouit elle-même en fumée, puis Syrius revient, et avec lui, l'inondation préservatrice. »

Il faut remarquer ceci, c'est que chez les Hindous, Wichnou est le principe de l'eau et Siva le principe du feu, comme en Égypte Typhon est le feu, et Syrius est l'eau. Le grand rôle de Syrius et de Wichnou est donc d'éteindre l'incendie allumé par Siva et par Typhon. La fin du monde arrive donc *par le feu*, c'est-à-dire par Siva et Typhon qui consument tout : puis le déluge représenté par Wichnou et par Syrius vient éteindre l'incendie, et une nouvelle création sort du sein des flots qui la portaient en germe. Aussi les anciens adoraient-ils Wichnou et Syrius, ou l'élément liquide, comme symbole de régénération et considéraient-ils Siva et Typhon *ou le feu, comme les destructeurs du monde.*

XCXI.

« En Égypte, Hermès ou Sirius est encore l'esprit des esprits, c'est lui qui mène et ramène les âmes par toutes les sphères et assiste *à la fin* et au commencement de la grande carrière du monde et des temps, carrière fatale qui n'est autre chose que la grande année de trois millénaires après laquelle toutes choses se trouvent à leur première place et sont renouvelées.

« La transmigration des âmes, immense idée, est entr'autre représentée par le labyrinte avec les 3 000 chambres dont 1 500 au-dessus et 1 500 au-dessous de la terre, c'est le palais symbolique destinée à figurer ce grand cycle de 3 000 ans que l'homme doit parcourir jusqu'au *renouvellement de l'univers.*

« Les manwantaras sont infinis, les *destructions* et les créations sont innombrables ; l'être *suprême produit et reproduit les mondes comme en se jouant.*

« Wichnou, c'est l'eau qui conserve, Siva c'est le feu qui détruit ; après le déluge la nature renaît. Après le feu, le monde reste des *millions d'années sans créatures.*

« Brahma, qui tantôt est Dieu, tantôt est l'homme mystique, le prototype de l'homme, est une allégorie du temps, avec ses périodes de destructions et de renouvellement, qui embrassent tout à la fois, l'histoire de l'homme et celle du monde, de là cette série de Brahma qui meurent et ressuscitent tour à tour, et leurs têtes suspendues ou collées au cou de Siva et de Cali, véritables énigmes mythologiques, que le philosophe, l'historien, l'astronome, doivent expliquer de concert. »

C.

Il est étonnant que l'auteur demande l'explication de cette énigme. Si Brahma est l'homme dans le temps, s'il est aussi l'histoire du monde et de ses renouvellements, il est naturel que Cali et Siva, ces feux dévorants, ces *destructeurs des mondes*, portent en trophée à leur cou les têtes des diverses incarnations de Brahma, puis qu'ils vont sans cesse les *consumant*. Pour ne pas comprendre cette énigme et la donner encore à deviner aux astronomes, aux historiens et aux philosophes, il faut qu'il ait oublié complètement l'opinion de l'*antiquité*, telle que nous la revoyons reproduite dans les différentes figures symboliques du serpent *embrasant* les mondes, s'il avait attribué au serpent le rôle que lui attribuait toute l'antiquité. Il comprendrait comme nous, pourquoi Siva et Cali, qui ont pour attribut *le serpent, symbole de la destruction*, sont représentés avec le collier des mondes qu'ils ont embrasés, avec les têtes des Brahma qu'ils ont détruits.

« Bhavani Dourga est Lyoni cosmique du mont Mérou, la grand'mère et la matrice des êtres, c'est Bhavani qui dans le *bouleversement général* de l'univers a recueille en soi les semences des choses. »

« En Béotie comme en Lybie nous retrouvons sur les bords du lac Copaüs les souvenirs des *catastrophes* d'un monde primitif. »

Les volcans qui s'éteignent aujourd'hui ne sont-ils pas les derniers regards d'un monde qui n'est plus.

CI.

« Il y a quatre âges nous dit M. Reynaud dans l'histoire de la terre, *l'âge de feu*, l'âge de l'océan, des continents, de l'homme. »

Il aurait dû ajouter et ces quatre âges *se renouvellent à l'infini*. Les Égyptiens le comprenaient si bien qu'ils adoraient le Phénix, *des cendres de l'ancien Phénix qui se brûle lui-même, naissait le nouveau*.

D'ailleurs, pourquoi ces quatre âges n'auraient-ils pas déjà eu lieu *d'une manière infinie dans l'infini des temps*, qui nous prouve qu'avant le dernier embrasement du globe l'homme n'ait pas déjà existé des milliers d'années, puis disparu dans cette vitrification universelle, puis reparu enfin de nos jours quand la planète se fut refroidie et que les vapeurs se furent liquéfiées, cette opinion est d'autant plus vraie qu'elle ne contredit en rien la science et qu'elle est entièrement confirmée par la doctrine des Hindous et des Égyptiens.

« Menou déclare à Brahma lui-même que le genre humain tourne *éternellement* dans un même cercle, partagé en quatre âges ; les périodes des Menous sont innombrables ainsi que les *créations et les destructions du monde*, et l'être suprême les *renouvelle comme en se jouant*.

CII.

« L'âge anté-historique nous représente l'enfance de l'humanité ; l'antiquité, son adolescence ; le moyen âge, sa jeunesse ; l'âge dans lequel nous sommes sa maturité. Mais si depuis son berceau l'homme gravit les degrés ascendants jusqu'à l'âge mûr, les degrés s'abaissent en sens inverse, il redescend par la vieillesse et la décrépitude au tombeau. »

Nous ne partageons pas cette opinion, nous la repoussons même de toutes nos forces ; la marche de l'humanité à travers le temps ne peut-être comparée *à une échelle double* où l'homme après avoir *monté* successivement les degrés d'un côté, serait obligé ensuite *de descendre* les degrés opposés.

Car nous ne reconnaissons pas de limites au génie humain, et nous croyons, comme l'encyclopédiste Condorcet, que la perfectibilité humaine est réellement indéfinie. Donc, nous n'admettons pas cette seconde période de *vieillesse* et *de décrépitude* ; mais nous croyons que l'homme arrivé aux derniers degrés de la civilisation disparaîtra fatalement et tout d'un coup, sous *les ruines de la civilisation même qu'il aura voulu porter trop haut.*

N'est-ce donc pas l'explication nécessaire de cette tour de Babel que l'homme voulait élever orgueilleusement jusqu'au ciel.

On le voit donc, toute l'antiquité païenne raconte d'une manière dramatique la fin du monde, il y aurait des volumes à faire des arguments irrésistibles que l'on trouve dans les théogonies de tous les peuples. Mais ici comme pour le péché originel, nous saurons nous arrêter dans de certaines limites de peur de fatiguer le lecteur.

CIII.

La Bible nous la raconte aussi d'une manière splendide.

Les anges sonneront avec les trompettes à la fin du monde. 24, 31. Cor. 15. 52.

L'apocalypse nous la décrit d'une manière saisissante.

Les tentations et les séductions des mauvais génies iront en redoublant aux derniers temps.

CIV.

Remarquez bien ces paroles de la Bible (le jugement universel tombera d'abord *sur le grand ennemi*) : le *tentateur du premier homme* qui l'accompagne *dans le temps et disparaît avec lui à la fin du monde.* Cette solidarité, cette identité, ce parallélisme de l'homme et du serpent qui naît avec lui, vit et meurt avec lui, prouve bien que le serpent, ou Satan, n'est que *la personnification de l'orgueil chez l'homme,* qui le prend au berceau et l'accompagne jusqu'à la mort.

L'écriture nous laisse entrevoir l'époque où les anges, doués comme nous de libre arbitre, se sont partagés entre l'obéissance et la révolte où ils sont tombés *volontairement.*

Nous pouvons conclure de là que l'homme tombera aussi *volontairement,* et qu'il sera la cause de la grande catastrophe.

CV.

Immédiatement après la chute, la grande sentence de Satan et de ses compagnons fut prononcée ; c'est sous les liens éternels de ce jugement, des liens d'obscurité, dit l'Écriture, qu'ils sont gardés depuis lors pour le jugement *de la grande journée.*

Le jugement universel tombera d'abord sur le grand ennemi, c'est alors que Satan disparaîtra pour toujours en même temps que notre terre et nos cieux, pour faire place aux nouveaux cieux et à la nouvelle terre. (Apoc. XXII.)

CVI.

Nous venons d'assister à cette grande prophétie *de la fin du monde* que toute l'antiquité nous raconte d'une manière si saisissante, nous avons assisté *aux derniers temps* annoncés par la Bible ; il nous serait facile d'étendre nos citations à l'infini ; nous laissons ce soin au lecteur. Qu'il prenne le premier livre venu de cosmogonie ou de théogonie, il y trouvera une moisson *immense* à faire qui lui permettra de satisfaire complètement sa curiosité. Mais, qu'on le remarque, dans toutes les religions le *serpent*, symbole *de la ruse, de la séduction, de la tentation*, est le grand acteur de cet épouvantable drame, il en est tout à la fois la cause et l'effet.

*

LA FIN DU MONDE PAR LE SERPENT.

CVII.

Nous allons chercher à nous faire comprendre par quelques citations, le rôle que toute l'antiquité assignait au *serpent* sur la fin des choses.

Et, peut-être, comprendrez-vous que le serpent n'est que la personnification de l'orgueil et de l'exaltation de la puissance humaine et quelle est l'éternelle cause de la *chute* de l'homme.

Il en est *la cause et l'effet*, quand la Bible nous dit (le dernier jugement tombera d'abord sur *le grand ennemi de l'homme*) de celui qui a exalté son orgueil en lui disant : mange du fruit de *l'arbre de la science*, tu seras aussi puissant que Dieu, connaissant le bien et le mal, c'est-à-dire la vérité, de cet ennemi dont la séduction perdit l'homme un jour et qui depuis ce temps travaille constamment à le séduire, jusqu'au jour où il le perdra définitivement, quand les derniers temps seront venus.

CVIII.

Il est *cause et effet* à la fois quand, nous disent les Wédas, Siva, à la chute des mondes, est assis solitaire sur le dragon qui les a dévorés ; car il est la flamme qui allume l'incendie et l'incendie qui dévore : n'est-ce pas en effet l'orgueil qui allume l'incendie.

Il est *cause et effet*, quand l'Inde nous dit : quand viendra Calki le destructeur, un vent de feu, ou selon d'autres le serpent Sécha, vomissant des *torrents de flamme consumera tous les mondes et détruira toutes les créatures*.

Il est *cause et effet*, quand Siva reste seul à la fin des temps, semblable à une flamme qui danse sur le monde *réduit en cendres*, et qu'on sait que Siva n'est autre chose que Calki et Sécha, ces serpents dévorants.

On le voit donc, partout le serpent que l'on trouve figurer au commencement des théogonies reparaît à la fin des temps, il *est toujours le principe du mal, la cause de la chute de la création et la flamme qui la consume*.

CIX.

Il n'y a pas une des scènes cosmogoniques des religions de l'antiquité, dans laquelle on ne retrouve l'idée *du serpent liée à celle de la fin du monde*.

On voit le dieu Siva, figure 30 des scènes cosmogoniques de Creuzer, assis sur le grand serpent à trois têtes, qui est le symbole de la destruction de la tentation, *la cause éternelle de l'ordre et du chaos* qui se manifeste dans le temps.

Dans une de ces scènes cosmogoniques de Creuzer l'on voit deux serpents disposés en cercle qui dévorent un homme et qui paraissent exprimer leur pouvoir fatal sur son *passé* et sur son *avenir* ; car, tandis que l'un lui dévore le crâne, l'autre lui dévore les membres inférieurs ; cette figure horriblement saisissante fait mal à voir, elle nous montre d'une manière irrécusable l'idée que les anciens se faisaient du *rôle* du serpent, qui, selon eux, doit perdre l'homme dans l'avenir comme il l'a déjà perdu dans le passé. L'horrible de cette scène, c'est que l'homme ne peut plus lutter, il est dévoré sans pouvoir se défendre.

CX.

On voit encore une scène représentant deux serpents enlaçant Saturne ou le temps dans leurs terribles anneaux, affectant une forme sinueuse, mais néanmoins circonscrivant le cercle de l'infini ; elle est pour nous l'image effrayante que se faisait l'antiquité du *triomphe du mal dans le temps*, car Saturne est entièrement enveloppé par le serpent.

Le serpent est aussi le symbole de la science, du génie, de l'invention, aussi le représente-t-on au milieu des moissons ; mais sa présence, qui est l'emblème de la sagesse et de la science n'est qu'une question de temps, et cette science et cette sagesse aboutissent à la fin à Sécha, ce serpent qui *embrase les mondes*.

Une autre figure significative représente le serpent Sécha avec sept têtes, *vomissant des flammes qui consumeront toutes choses à la fin du quatrième âge ; à la tête de chaque serpent est suspendu un monde qui brûle.*

La figure 115 est saisissante, on voit les mondes supportés par la tortue, symbole de la force et du pouvoir conservateur, reposant elle-même sur *le grand serpent, emblème de l'éternité qui enveloppe tous les mondes dans son cercle fatal.*

CXI.

On le voit donc d'une manière évidente, toute l'antiquité attachait au serpent un rôle *fatal, terrible, il est la préface et la conclusion, l'alpha et l'oméga* de toutes les religions, de toutes les théogonies.

Aussi entourera-t-il éternellement de ses replis sinueux l'arbre de la science du bien et du mal et en présentera-t-il dans toute l'éternité les fruits si suaves et si funestes pour l'homme. La spirale que décrit son corps autour du vieux tronc de l'arbre de science, n'est-elle pas le symbole *de la science elle-même, s'élevant par une pente toujours ascendante jusqu'au fruit vers lequel l'homme tend sans cesse une main téméraire.* Le jour où il l'aura cueilli, les *derniers temps seront venus ;* car ce jour-là l'homme, nouveau Samson, aura senti ses forces lui revenir, il comprendra la plénitude de sa puissance ; alors, fort comme Dieu lui-même, il *ébranlera les colonnes de l'ordre éternel et disparaîtra sous les ruines du monde.*

Notre tâche est achevée, nous nous résumerons donc.

CXII.

Nous avons d'abord montré l'homme dans le temps présent, arrivant à la civilisation et progressant d'une manière infinie ; nous n'avons pu développer la somme de toutes ses connaissances acquises, comme nous l'aurions voulu. C'est l'œuvre d'un encyclopédiste, nous ne sommes qu'ignorant ; mais nous avons vu quelques-uns de ses immenses progrès réalisés en un siècle seulement, et nous avons déduit avec Michelet, Lamartine, Reynaud, Pascal, Condorcet : que les progrès de l'esprit humain étaient infinis, et qu'aucun terme ne pouvait être assigné au perfectionnement des facultés humaines.

À ceux qui nous demanderont qu'est-ce que le présent ? nous répondrons : le présent est à la fois cause et effet, car il est tout à la fois lumière et ténèbres ; il est ténèbres par le péché originel et la chute de l'homme, il est lumière par l'avenir. Nous sommes en effet entre deux catastrophes, entre deux incendies, *l'un qui vient à peine de s'éteindre, l'autre qui commence à s'allumer.*

Nous avons ensuite cherché à expliquer le péché originel, cette énigme posée *par toutes les religions* et que l'on retrouve au seuil de toutes les théogonies de l'antiquité, et à travers tous les voiles épais du passé nous avons vu toujours transpirer la même idée, à savoir :

Que l'orgueil de la science, ce vieux péché du monde qui a été un jour la cause de la chute de l'homme dans le passé, sera encore cause de sa chute dans l'avenir.

CXIII.

Cherchez à donner une autre théorie qui explique mieux et d'un coup tous les mythes et les symboles, tous les mystères des anciennes religions ; qui donne à l'homme sa véritable place dans le présent et détermine mieux l'avenir du monde inscrit dans toutes les religions de l'antiquité : nous vous en défions.

CXIV.

Connaissant donc la valeur de l'homme dans le présent et dans le passé, nous avons cherché à dégager l'avenir, et nous avons trouvé que les *derniers temps* étaient prédits dans la Bible, dans les Wédas et dans toutes les religions de l'antiquité ; nous avons vu que cette fin des choses était partout personnifiée par le mythe du serpent tentateur, comme cause et effet, car il est la flamme qui allume l'incendie et le feu qui consume ; il est la séduction, la tentation et l'orgueil de la science et de la puissance, il est Séva qui, à la fin du monde, est assis sur le dragon qui les a dévorés ; il est Sécha vomissant des torrents de flammes et consumant les mondes ; car l'on voit dans les scènes cosmogoniques deux serpents en cercle, dont l'un dévore le crâne, l'autre les membres inférieurs de l'humanité : rôle terrible assigné au serpent par l'antiquité tout entière sur le passé et l'avenir de l'homme.

CXV.

Qu'on ne vienne donc plus nous dire que l'antiquité crut à la destruction du monde par une comète ; nous demanderons alors pourquoi l'on voit figurer dans toutes ces scènes cosmiques, dans toutes ces légendes antiques, le serpent comme principe de tout mal, de toute destruction.

Si l'on voulait se rappeler le rôle que lui a assigné toute l'antiquité, on le verrait partout comme dans la Bible, *tentateur, séducteur, et finalement destructeur ;* il est la flamme qui allume l'incendie, et le feu qui consume ; il est *une personne et non une chose* ; en faisant le mal il sait qu'il le fait et pourquoi il le fait ; tandis qu'au contraire la comète qui dévore, obéit à une loi fatale, elle détruit sans savoir pourquoi elle détruit ; brûle, par ce qu'elle brûle ; elle ne tente pas, elle ne séduit pas, elle n'est pas une personne, elle n'est qu'une force fatale. Donc, en donnant pour cause de la chute de l'homme et pour cause de sa disparition dans l'avenir, le *serpent*, l'antiquité a voulu nous apprendre que, la grande catastrophe arriverait par une créature voyant, agissant et pensant. Prométhée en s'emparant du feu du ciel est-il une force aveugle ? non ! il est une *cause morale*.

L'harmonie préétablie ne peut donc être troublée que par une *personne responsable*, jouissant de l'exercice illimité de sa liberté. Seulement cette liberté *illimitée de l'homme, sera un jour cause de sa perte ;* car, pour qu'il pût jouir en toute sécurité des forces de la nature, il faudrait supposer qu'il les connût complètement, et d'ailleurs, quand bien même il les connaîtrait complètement, il ne connaîtrait pas *tous les rapports qui existent entre elles* et qui sont les sources de toutes harmonies et de toutes fatalités. Qu'il vienne donc un jour se méprendre sur les rapports énergiques de la nature, et tout est perdu. La liberté illimitée que Dieu nous a donnée, nous sert tout à la fois, *et de flambeau pour nous éclairer et de torche pour allumer notre bûcher.*

CXVII.

Ô homme ! qu'es-tu donc et pourquoi t'enorgueillir de la science ? Quand la *fatalité*, ce glaive sans cesse suspendu sur ta tête, menace de tomber sur toi à chaque mouvement imprudent que tu fais.

Pourquoi élever sans cesse l'édifice de la civilisation et entasser péniblement Pélion sur Ossa ? Veux-tu donc encore escalader le ciel, ne te souviens-tu plus des foudres de Jupiter, ne sais-tu donc pas que l'électricité frappe d'autant plus sûrement que le moment est plus élevé, et d'ailleurs, ne sens-tu pas le monument craquer sous son propre poids ? Ne comprendras-tu donc jamais que tu ne fais qu'élever ton propre mausolée.

CXVIII.

L'homme me répond en soupirant :

C'est ma destinée.

C'est le mot de ce Sisyphe, roulant son éternel rocher.

C'est le mot des Danaïdes remplissant leur éternel tonneau.

C'est le mot de Pénélope.

C'est celui d'Ixion.

C'est en un mot *le grand soupir de toute l'antiquité : ce sera aussi le mot de l'avenir.*

CXIX.

LA CIVILISATION COURT FATALEMENT À SA PERTE UN BANDEAU SUR LES YEUX.

En effet, à quelque hauteur que puisse un jour atteindre la civilisation, *l'ignorance des rapports des forces sera toujours la porte d'entrée par laquelle pénétrera la fatalité : ce sera là le défaut de la cuirasse par lequel l'humanité doit un jour recevoir sa blessure mortelle.*

Citons quelques exemples.

L'ignorance des lois atmosphériques et de leurs rapports avec le monde organique, ne nous a-t-elle pas fait déboiser les montagnes, et Fourier n'avait-il pas raison de nous prédire que le déboisement amènerait des inondations, des pluies torrentielles ; et si vous prétendez que l'oïdium, cette maladie de la vigne, que la maladie des pommes de terre proviennent d'une trop grande humidité, ne faut-il pas attribuer ces fléaux au déboisement : cette œuvre d'ignorance, d'une civilisation savante. Quelle que soit la valeur de cette théorie sur la maladie des végétaux, il n'en est pas moins vrai qu'aujourd'hui, il faut reboiser les montagnes que l'on déboisait hier.

La civilisation va donc toujours en avant, comme une corneille qui abat des noix.

N'est-ce pas elle encore qui, en morcelant à l'infini la propriété, doit, selon Fourier, stériliser la terre.

Mais, direz-vous, nous avons appris à nos dépens que le déboisement était cause des inondations, aussi reboisons-nous. *À quelque chose, malheur est bon.*

Le morcellement de la propriété est-il jugé contraire à l'agriculture : nous rétablissons la grande propriété par les associations. Il n'en sera que cela, notre expérience nous aura au moins servi à quelque chose.

CXX.

L'expérience n'est-elle pas la condition même du progrès.

Triste réponse : C'est-à-dire, qu'après chaque *désastre* que vous aurez fait vous espérerez toujours trouver le remède, et que votre expérience vous servira plus tard. Et qui vous dit qu'un jour le *désastre*, la catastrophe que vous amènerez fatalement par votre orgueilleuse civilisation ne seront pas tels, qu'il ne pourra plus y avoir de remède.

Voyez cet océan immense des mers entourer notre globe, avec ses feux phosphorescents, avec ses couches huileuses et grasses, avec ses éléments si *combustibles*, si inflammables que les volcans s'y allument sans cesse, et qu'ils ne s'éteignent faute d'aliments, que quand la mer les a abandonnés.

Voyez d'autre part, ce produit chimique, brûler dans l'eau, véritable feu grégeois, qui va ouvrir la route *à cent autres découvertes plus incendiaires encore.*

Et comprenez enfin comment un jour ou l'autre l'incendie peut s'allumer dans le monde.

CXXI.

Sachez-le bien, le jour où le vaisseau de la civilisation viendra se briser contre l'écueil de la fatalité, écueil si profondément caché au sein des forces de la nature, que l'homme ne pourra ni le soupçonner ni l'éviter, ce jour-là sera le dernier de notre cycle humain.

En voici la preuve.

CXXII.

Parmi les innombrables conceptions titaniques qui sont sorties des cerveaux des philosophes socialistes, et qui doivent se réaliser un jour, nous en citerons *une seule qui servira de type à toutes les autres* elle suppose nécessairement la collection des volontés et des forces par l'association.

CXXII.

Nous lisons dans M. Reynaud.

« Pour perfectionner à l'égard de la pluie les conditions de notre existence, en considérant qu'il n'y a que les rayons solaires qui aient de l'influence sur ce météore, on devra sentir que les mouvements de l'atmosphère ne sont peut-être pas aussi essentiellement indépendants de notre industrie que ceux des astres ; il nous suffirait de faire jouer de quelque manière le rayonnement du noyau central de la terre pour susciter au soleil, au moins dans notre atmosphère, une puissance capable de le troubler dans la domination absolue, et pour causer par conséquent une révolution dans l'ordre actuel des vents et des nuages ; mais on se convaincra aussi par ce même enchaînement, que c'est à condition de pouvoir manier à son gré une *arme aussi prodigieuse que la chaleur planétaire*, que l'homme pourra jamais espérer de se faire maître de ce domaine. »

CXXIV.

N'est-ce pas là vouloir renouveler l'histoire de Prométhée dérobant le feu du ciel et étant foudroyé par Jupiter.

L'histoire de Zagara réduit en cendres pour avoir pénétrer dans les entrailles de la terre et avoir attaqué orgueilleusement la divinité.

On le voit, le projet de M. Raynaud est vraiment gigantesque, car il mettrait l'homme à l'abri de la fatalité des éléments ; mais *que de dangers* avant d'arriver à cette conquête atmosphérique, nous dit-il lui-même.

Ne savons-nous pas en effet que notre planète est un globe de feu, dont la couche extérieure superficiellement refroidie est une pellicule imperceptible par rapport à son diamètre de 3 000 lieues.

Je vous cite cette théorie de M. Reynaud entre mille autres que je trouve dans les auteurs socialistes, seulement dans le but de vous faire comprendre toutes les conséquences fatales qui peuvent résulter de ces expériences que l'humanité doit *nécessairement tenter dans l'avenir. Et qui tôt ou tard doivent fatalement changer la face du monde planétaire.*

Tentatives fatales que le génie de Donoso Cortès paraissait prévoir quand, en mourant, il laissa tomber ces mots prophétiques :

« Ceux qui vivront verront et ceux qui verront seront épouvantés, car les révolutions précédentes n'ont été qu'une menace, la catastrophe qui doit venir sera dans l'histoire la catastrophe par excellence. »

De tout ce livre que retenir ?

Un mot ! une seule formule qui explique tout à la fois le passé, le présent et l'avenir de l'humanité.

L'orgueil de la science, ce vieux péché du monde, qui a été la cause de la chute de l'homme dans le passé, sera encore cause de sa chute dans l'avenir.

UN DERNIER MOT.

Vous avez fermé ce livre *sans le comprendre*. Ne vous l'avais-je pas dit en commençant ? Donc, ma formule ne peut être votre formule. *La civilisation n'est point encore assez avancée, nous ne sommes encore qu'à l'aurore des choses*, je vous le dis encore, ce livre n'est pas écrit pour ce siècle, pour vous. D'autres temps viendront où l'homme pénétré de terreur à la vue des prodiges qui se passeront sous ses yeux, le comprendra et sera effrayé.

Mais le jour où il interprétera comme nous, le mythe du péché originel, de l'arbre de science, du fruit défendu, de la chute de l'homme :

Les derniers temps seront venus.

Le fruit de l'arbre de la science aura été cueilli,

Les colonnes de l'ordre éternel auront été ébranlées.

Et notre cycle humain sera sur le point de disparaître, comme disparut un jour celui d'Adam qui l'a précédé.

Car, ne l'oubliez pas :

Le passé n'est que le miroir de l'avenir, et :

CE QUI A ÉTÉ SERA.